撒切尔

描写撒切尔夫人传奇的一生
蝉联三届英国首相

★ ★ ★ ★ ★ ★ ★ ★ ★ ★ ★ ★ ★ ★ ★ ★ ★

◎胡元斌／编著

团结出版社

图书在版编目（CIP）数据

撒切尔夫人／胡元斌编著. —北京：团结出版社，
2016.2（2024.5 重印）
ISBN 978-7-5126-3950-8

Ⅰ.①撒… Ⅱ.①胡… Ⅲ.①撒切尔，M.H.（1925～
2013）-传记 Ⅳ.①K835.617＝5

中国版本图书馆 CIP 数据核字（2016）第 021145 号

出　　版：团结出版社
　　　　　（北京市东城区东皇城根南街84号　邮编：100006）
电　　话：（010）65228880　65244790（出版社）
网　　址：http://www.tjpress.com
E-mail：zb65244790@vip.163.com
经　　销：全国新华书店
印　　装：三河市金兆印刷装订有限公司

开　　本：640mm×915mm　16开
印　　张：22
字　　数：348千字
版　　次：2016年6月　第1版
印　　次：2024年5月　第4次印刷

书　　号：978-7-5126-3950-8
定　　价：78.00元

前　言

那是童年时代的夏夜，我和小伙伴们时常躺在家乡的草坪上，仰望着美丽的星空。那闪闪烁烁的星星，有的明亮，有的灰暗，但都眨眼眨眼地看着我们。偶尔还能看见一颗颗流星划过，无影无踪地消逝在天边的夜色里。大人们说流星会带来灾难，使我们感到了害怕。小小的星星，带给我们童年多少思考与多少幻想啊！

随着我们渐渐长大，也看清了人类历史的天空，那是群星闪烁，星光灿烂，使我们感到人间的美好和光明。当然也有流星划过，果真给人类带来了不小罪恶和灾祸。真可谓，浩浩历史千百载，滚滚红尘万古名，英雄流芳百世，狗熊遗臭万年。这就是丰富多彩的人类社会啊！

在我们人类历史进程中，涌现了许多可歌可泣、光芒万丈的英雄人物，他们用巨擘的手、挥毫的笔、超人的智慧、卓越的才能，力挽狂澜，救万民于水火之中，书写着世界，推动着历史，描绘着未来，不断创造着人类历史的崭新篇章，不断推动着人类文明的飞速发展，为我们留下了许多宝贵的精神财富。

同时也出现了许多乱世恶魔，他们是人间的虎豹豺狼和亡命暴徒，唯恐天下不乱，制造着人间灾难，践踏着人类文明。他们顺我者生，逆我者亡，以一己之私心而放之四海，以一人之狂妄而加之全球，简直野心勃勃，横行于世，然而最终避免不了失败的命运，成了人类的跳梁小丑，落得成了人间的笑柄。

那么，是什么原因使有人成了人间英雄，却使有人成了人间恶魔呢？这是不得不思考的深刻问题。只有清楚了这些问题，才能让英雄辈出，让恶魔永远消失，才能更加体现我们人类社会的高度智慧和文明。

为此，我们根据国内外的最新资料和研究，特别编撰了这套《世界巨人传》。有针对性地精选了世界近现代著名的具有雄才伟略的政治家，他们是拿破仑、华盛顿、林肯、罗斯福、丘吉尔、戴高乐、撒切尔夫人。同时精选了叱咤风云的军事家，他们是艾森豪威尔、蒙哥马利、朱可夫、巴顿、布莱德雷、麦克阿瑟、马歇尔。还精选了世界近现代的臭名昭著的枭雄悍将，他们是希特勒、墨索里尼、东条英机、曼施坦因、古德里安、隆美尔、山本五十六、川岛芳子。

我们精选编撰这些世界巨人的传记，主要以他们的成长历程和人生发展为线索，尽量避免冗长的说教性叙述，而是采用日常生活中丰富的小故事来表现他们的人生道理，尤其着重表现他们所处时代的生活特征和他们人生追求的完整过程，以便引起我们读者的深深思考。

同时，值此中国人民抗日战争暨世界反法西斯战争胜利70周年之际，我们主要精选编撰了"二战"时期的世界著名巨人的传记，相信具有特别的深刻意义。广大读者阅读这些"二战"巨人传，能够加深对"二战"有关人物命运与世界和平等问题的思考，能够起到铭记历史、警示后人的重大现实和历史意义。

第二次世界大战是人类社会有史以来规模最大、伤亡最惨重、造成破坏最大的全球性战争，也是关系人类命运的大决战。这场由德、意、日法西斯国家纳粹分子发动的罪恶战争席卷全球，世界当时人口总数的80%约20亿人口受到波及。

通过全世界广大人民的艰苦奋斗，特别是通过代表对垒双方巨人斗智斗勇的较量，终于正义战胜了邪恶、和平战胜了灾难，人类迎来了新的希望。在这场人类命运终极大较量中，人类的高超智慧和巨大力量，简直表现得淋漓尽致。特别又是集中体现在对垒双方代表的巨人身上，那更是智慧和力量的化身。因此，我们广大读者阅读这些世界巨人的传记，一定能够获得智慧的神奇力量。

目　录

第一章 青年时代

我喜欢争论，我喜欢辩论，我不希望任何人干坐在那儿，一味地附和我，那不是他们的工作。

——撒切尔夫人

年少时的平民生活

历代历届英国首相自罗伯特·沃波尔爵士到现在，只有一点是一脉相承、一以贯之的：即对他们执政期间所发生的每个灾难都有高度的责任感。尽管一个政府所取得的成就或遭遇的失败从理论上讲是集体的事，但责任最后实际还是在唐宁街10号，还是落到现任首相的头上。

这对首相虽说不公平，然而却可使人们判断他们作出的决策正确与否。这种情形使得大多数首相在任期结束时都看上去比他们的实际年龄要老出10岁，显得面色苍白、体态臃肿，而且精力衰竭。

然而玛格丽特·撒切尔夫人在她职期间却是个例外，她不仅在治国成绩上文治武功、成绩斐然，而且变得更有力、更大胆、更加容光满面，在唐宁街10号安然度过了一个个年头；并且在1983年6月9日竞选连任胜利后，带着一种长久以来就曾注视着梦寐以求的某种神圣东西的战斗者的坚定信念开始了她的第二个任期。

1979年5月，她成为英国第一个女首相。首相的生活足以使强壮的男子不堪重负。而她一周工作7天，每天规定工作20小时。她朋友很少，没有什么嗜好，除了家庭，她对任何政治以外的事情都不感兴趣。姑且不论她关于医治英国病的论点正确与否，单就她对她自己的信条的矢志不移，也是令人钦佩的。她不是一个实用主义者，在政治上丝毫不讲妥协。

她对世界的看法非常简单，这个世界之正确与谬误、善与恶从来就是泾渭分明，决不存在中性。这是一幅深深染上了基督教的基本信条色彩的图景，在这幅图景中，她看到了欧洲形形色色的社会主义潮流是20世纪的一大威胁。

在从政之初，她并没有想当首相的雄心。她曾想寻找某个什么人，希望通过他把她非常热爱的祖国从社会主义的威胁中拯救出来。当她发现在保守党领袖中没有人具有勇气冒着声名扫地的危险，以采取可能会不得人

▲撒切尔夫人

心的必要手段来扭转这种潮流时，她自己就站了出来。

她曾说："如果没有什么人对我评头论足、说长道短，我这人就没味儿了。世界上每个人一生中所干的事都会招来物议，如果你只是想博得人们的喜欢而不愿惹来攻击，那在这个世界上你就以无所事事而终吧。"

玛格丽特企图恢复某些维多利亚时代英国的价值观念，并建立这样一种社会，在这个社会里："每个人都自尊自爱，自力更生。永远想着帮助他人、永远想着改善自己，并且通过勤奋工作来达到这一点。他们应决心成为这个社会出类拔萃的成员，这并不是有什么人要他们这么做，而因为那是人的生活方式。他们应对自己的行为负起责任，对自己的家庭负起责任，并尊重他人的权利。如果这一切都做到了，那对我来说就是具备了一种优良社会的基础了。"

玛格丽特·撒切尔夫人从小就培养起了这种价值观念，还在父亲的膝头上就懂得了对企求名望的蔑视，她领导这个国家时所体现出来的性格和态度都是来自她的家乡格兰瑟姆，来自她那青少年时期孤独而又有些沉闷的家庭气氛，来自她那严厉而又专制的父亲。

玛格丽特的父亲是一个白手起家的店主，她是他与他的妻子的第二个女儿。她的父、母亲是严谨而又虔诚的卫理公会教徒，在林肯郡小市镇的贫民区中一个热闹的十字路口开设一家食品杂货店。他们的每一样财产都是他们辛勤劳动、精打细算的结果。

这种可贵的家风继承了玛格丽特外祖母那维多利亚式的严谨、廉洁和一丝不苟地工作的思想，并且支配着她的生活，尽管这种思想显得有些过时，她一有机会就把这种思想灌输给她的外孙女们。在玛格丽特生活的最初10年中，她的外祖母与她家一起生活，而她深深影响了玛格丽特价值观念的形成。

1925年10月13日，玛格丽特·希尔达·罗伯兹，也就是后来的撒切尔夫人出生，她出生在英国的格兰舍姆镇一个并不算富有的小业主家庭，她家世代都信仰基督教。

这个小镇始建于撒克逊时代，那还是丹麦人建设的一个地区中心。在12世纪期间，北大路开始改道，从镇中间穿过，从此，在地图上就标明了格兰舍姆小镇的位置。这个小镇，交通运输一直是它的主要行业。

在18世纪时，在小镇开凿了运河，从外地把煤、焦炭和石头等都运进了格兰舍姆小镇，同时也把玉米、面粉、麦芽、羊毛和牛奶等源源不断地运了出去，小镇从此有了可靠的经济收入。

但是，格兰舍姆小镇大规模的发展，那还是在1850年修建了铁路之后。铁路的运输带动了小镇大的发展。

在格兰舍姆镇上，最具有特点和最有意义的建筑，是那金碧辉煌的市政大厅，还有耸立在它前面的格兰舍姆最著名的儿子伊萨克·牛顿爵士的一座塑像。

　　撒切尔夫人的父亲艾尔弗雷德·罗伯茨只是一个小店主，她的母亲比阿特丽斯·史蒂芬森在出嫁前做过裁缝。上溯家谱，她的祖父是鞋匠出身，外祖父当过铁路路警。从各种情况看来，这只是一个不很富裕的笃信基督教的小业主家庭。

　　所以说，撒切尔夫人绝非生来的统治者，她缺乏先天条件，没有丘吉尔等多数保守党领袖那样显赫的家族背景。但正是这样的闭塞小城镇，这样的仅够温饱的小业主家庭，这样的勤劳俭朴、乐于助人的父母，才塑造了玛格丽特与众不同的个性与品德，培养了她那无坚不摧的勇气与高度的责任心，形成了她那套保守主义的价值观念。

　　玛格丽特的父亲有7个弟妹，他是大哥，13岁时就被迫辍学外出谋生。由于手头资本有限，艾尔弗雷德·罗伯茨只好从事食品杂货买卖。他跟比阿特丽斯·史蒂芬森结婚后，夫妻俩全力以赴地经营一爿小食品店，过着克勤克俭、聊以糊口的生活。

　　据撒切尔夫人后来回忆，当时她家既没有房前花园、浴室和室内厕所，也没有热自来水，家具都是一些从旧货市场上买来的笨重、过时的低档品，厨房面积很小。所以，罗伯茨在当时确是英国千万个普通而又平凡的家庭之一。

　　但是，维系这一平凡之家的男女主人，却都很不平凡。艾尔弗雷德·罗伯茨的生活方式、道德信念、思想作风都在幼小的玛格丽特的心目中打下了深深的烙印。50多年后，当撒切尔夫人搬进英国首相府伦敦唐宁街10号时，她一再表示，她的信仰和使她获胜的信念与父亲的教诲和罗伯茨家族保守主义的价值观的影响息息相关。

她说道："我把我的一切成就都归功于我的父亲。"而当撒切尔夫人出任首相五年之后，她在大不列颠的权威如日中天，在国际舞台上也声势显赫，但她对父亲的感激之情，对自己在格兰瑟姆的丰富童年生活迄未须臾忘怀。

她在答复电视记者的提问时，曾不胜感慨地回顾道，她一生念念不忘的，是父亲那"正直诚实的品德"。她说道："他教导我必须首先寻求我的信仰，然后把它付诸实践。在关键问题上不要妥协让步。"

的确，撒切尔夫人学习做首相，正是从学习她父亲开始的，是从格兰瑟姆的童年生活开始的。

根据玛格丽特的记忆所及，她父亲在辛勤经营食品店的同时，贪婪地猎取知识。罗伯茨先生是"她所熟悉的人中读书最多的人"。他广泛阅读政治类书籍，平时还爱看传记和历史方面的书。罗伯茨夫妇除是严谨、虔诚的卫理公会教徒外，还积极参加当地的教会活动。

罗伯茨先生也热心地方上的政治活动。玛格丽特两岁时，她父亲就当选为格兰瑟姆市镇自治议会的议员，而且一干就是25年，1943年，罗伯茨先生成为格兰瑟姆市的市长。

他在商业上和政治上所取得的成就，他在这个小市镇上的艰苦创业史，他言行一致、乐于助人、自强不息、勤慎肃恭的为人处世的风格，成为格兰瑟姆镇上居民的精神楷模。这一切，都不能不对幼小的二女儿玛格丽特产生巨大的影响。

玛格丽特在小的时候非常乖，每当阳光透过菩提树叶照进房间，她的妈妈、姐姐或者在店里干活的其他人，都不时过来搂抱她或者塞给她一块糖。

在格兰舍姆小镇，玛格丽特有生以来第一个清晰的记忆是关于交通的记忆。那是在一个阳光明媚的日子里，小玛格丽特坐在婴儿车里，大人推着她穿过小镇来到公园。她在路上看到了格兰舍姆镇的繁忙场面，那就是斑驳的色彩，穿梭般的车流，来往的人群，还有喧闹的嘈杂声，互相交织在一起。

这是一个快乐的记忆，有一种田园诗般的朦胧，使首次置身于外部世界的小玛格丽特产生了良好的感觉。

小玛格丽特的父亲罗伯兹世世代代都是北安普敦的鞋匠，当时那里是一个巨大的制鞋业中心。罗伯兹当初本想当老师的，但家里供不起他上学，于13岁辍学。他到欧德尔学校的食品店做工，这是一所不错的私立学校。

1913年，罗伯兹当上格兰舍姆一家食品店的经理。他当时一个星期挣14先令，12先令用于食宿、一先令积攒起来，剩下的一先令才用来零花。一年后第一次世界大战爆发了。罗伯兹是一个赤诚的爱国者，他至少六次报名参军，每次都由于健康原因被拒绝。

罗伯兹来到格兰舍姆小镇四年后，在当地的卫理公会教堂认识了后来的妻子比阿德利丝·艾塞耳·斯蒂芬逊。她是一个裁缝，自己开了一家店。1917年，罗伯兹与比阿德利丝·艾塞耳·斯蒂芬逊在他们相识的那座教堂结婚。

比阿德利丝·艾塞耳·斯蒂芬逊很节俭，至1919年他们就能够利用抵押贷款在白帕娜特买下他们自己的店。他们的家就在店的楼上。

1925年10月13日，他们的第二个孩子玛格丽特就诞生在这里。然而，夫妻俩做梦也不会想到，几十年后，这个小女儿竟然成为叱咤风云的英国女首相。

后来，罗伯兹的经营又扩大了，店里请了3个店员，童年的小玛格丽特也会忙着帮助大人把茶、糖或饼干分装成一磅或两磅的小袋，以使顾客买这些食品时不耽误时间。

玛格丽特在柜台前忙着时，窗外不远处的通往北方的铁路上不时有列车隆隆驶过。她干起活来从未感到厌烦，经常觉得很快乐。她的家人都在勤奋工作，只要店里繁忙，她随时参与帮忙。

在房子的后部有一个凉爽房间，他们称作"老面包房"，那里挂着咸肉，需要剔骨，切成细片。整个房间里弥漫着香料、咖啡和熏肉的宜人香味。

住在商店的楼上，小玛格丽特可以比其他阶层的孩子们有更多的时间见到父母。无论是吃早饭时，还是吃午饭时，或者是下午喝茶或吃晚饭时，她都能见到父亲。

父亲对女儿非常关心和疼爱，全家人在一起和睦快乐，周末一起外出做礼拜、郊游、参加音乐会、举行家庭音乐会，有时父亲甚至和孩子们一起做游戏，他们更多的时间是用来交谈。

在这个家庭里，父亲道德高尚，妈妈性情贤淑，他们恪守着维多利亚时代的价值观：节俭、克制、爱国、富有责任感，他们把这个家操持得井井有条。

在这个家庭里，每个人在家里从不懒散。一方面是因为家人认识到懒散是罪过，

▲撒切尔（左）4岁时与姐姐在一起

另一方面是因为总有很多活要干。

小玛格丽特还向妈妈学习做家务。妈妈教玛格丽特熨烫男衬衫，还教她不损害刺绣的熨烫方法。

妈妈在火上把大而扁平的熨斗烧热，并告诉玛格丽特一个秘

密：在熨斗上涂大约6便士硬币那么大小的一块蜡，这样烫出的亚麻制品特别光亮。

玛格丽特在白帕娜特的家不仅每天打扫，而且每年春季进行大扫除，为的是把平时打扫不到的死角打扫干净。她还能把地毯吊起来抽打。

妈妈从拍卖行买来的红木家具质量很好，她和妈妈用温水和醋质混合液刷洗，然后上光。

玛格丽特童年生活清淡艰苦，家里没有洗澡间、自来热水和室内厕所，她也没有值钱的玩具、服装。这并不是罗伯兹没有钱，而是他执意为女儿养成一种节俭朴素、拼搏向上的习惯。

她们家从不浪费东西，什么都量入为出。一般来说，对一个家庭的最过分的挖苦莫过于说这一家子太"小气和吝啬"了，他们却从不以为耻，还因此而自豪。

战时的艰苦对她家来说并未有太大影响，甚至能节省出来一些食物，并将它们分送给孤寡老人或病人。他们听收音机时记下节约型的菜谱，如"伍顿爵士土豆饼"，这是以战时的粮食部长命名的一道节约型的菜。

她父亲不仅参加教会发起的募捐，而且还常作为市议员或以个人名义参加募捐。而她最喜欢参加的是圣诞儿童食品救助团募捐，为生活困难的孩子募捐。

妈妈是一位出色的家庭厨师，而且很有条理。妈妈一周烤两

次面包，还烤制馅饼、蛋糕等糕点。她的家制面包颇有名气，她的姜汁面包也一样享有美名。

妈妈是个专业裁缝，玛格丽特穿的大部分衣服是她缝制的。那时有两种很好的衣服式样，一种叫新款，一种叫巴特里克。

在格兰舍姆和诺丁汉的减价市场上可以用便宜的价格买到质量很好的布料。所以家里人的衣服花钱不多，质地不错，且款式时髦。

玛格丽特的空闲时间比其他孩子要少，但她喜欢独自一人长时间散步。

玛格丽特喜欢乡间的美景并在其中陶醉于自我思考。有时她沿曼索普路走到镇子外边去，然后走到镇的北部，从北大路回来。有时漫步走上霍尔山，到那里采集野蔷薇或黑莓。

如遇下雪，那里还可以滑雪橇。

玛格丽特成名之后，面对无数次的记者采访，她虽然很少提及母亲，但显然这位只会吃苦耐劳、不爱抛头露面的家庭主妇对自己女儿的影响也是很大的。

撒切尔夫人后来回忆道："星期天早上，母亲常常起得很早，烤饼做饭，到我们八点左右下楼时，第一炉饼子已经烤好了。她是个非常能干的妇女。她结婚之前做过裁缝。她整天都从来没有过片刻空闲。她既要在食品杂货店里干活，还要干家务、做饭和手工洗烫所有的衣被。衣物从不送洗衣店，都是在家里洗。"

谈到父母对她和大姐事事严要求时，撒切尔夫人还回忆说："我们是卫理公会教徒，尊敬他人的观念深深扎根于我们的思想中，父亲在我很小的时候就经常向我灌输：'你必须有自己的主见。因为你的朋友在做某种事情，你也要去做它或想做它。你决不能说，由于他们在做它，所以我也想做它。'"尽管玛格丽特认为要求孩子们做与众不同的事"总是困难的"，但她却明确指出："这正是父亲要她毕生都遵循的教导。"

在这样的家庭、这样的父亲熏陶和教育下，玛格丽特从上小学时起就表现得与众不同。她5岁时就被送进初级小学念书，但不是送到附近的公立学校，而是送去离家较远的亨廷顿托尔路小学，每天来回四趟，要步行走4英里多的路。

她每周还要去上三次钢琴课，以陶冶情操。当玛格丽特11岁时，通过了县中学的奖学金考试，正式升入凯蒂文女子中学。在努力学习并积极参与校内各项活动的同时，玛格丽特还是她那闭塞的小镇同学中关心时事、参加社会活动最多的一个。

她经常跟父亲一起探讨一些问题。而随着玛格丽特年龄和知识的不断增长，父女俩思想交流的层次也愈来愈高，方面也越来越广。因此不妨说，这位小城商人、业余传教士和地方政治家不仅是这位未来女首相的父亲，同时也是她那思想和品德上循循善诱的导师。

彰显与众不同的个性

玛格丽特出生在一个讲求实际、严肃认真、宗教气氛浓厚的家庭，她的父母都是虔诚的卫理公会教徒。

卫理公会教堂是罗伯兹一家生活的中心，每个星期天11时，全家去教堂做礼拜。在此之前，玛格丽特要去学校，为唱圣歌的小孩子伴奏钢琴。

父亲罗伯兹在格兰舍姆及其附近还是一个担任传教的居士，经常有人请他去传教。罗伯兹的传教很有感召力，知识性很强。他传教时经常用一种说教的语调，表现出一种对幸福的虔诚。

塑造了撒切尔夫人那根深蒂固的保守主义的价值观、决不妥协的抗争精神和临危不惧的钢铁意志的，正是她终生敬仰的父亲艾尔弗雷德·罗伯茨。的确，这位生活在一个闭塞小城镇里的小商小吏，竟然培育出了一位特色鲜明、敢作敢为、开创了一个新"时代"的英国首相，似乎是一件不可思议的事。

无怪乎法国前总统德斯坦在位时，对这位锋芒逼人的英国女首相也曾不以为然，他说道："一个杂货商之女成了一国之主，岂非咄咄怪事！"后来，又是这同一位德斯坦，竟来了个180度的大转弯，惊呼："撒切尔夫人将和丘吉尔一起并列为半个世纪以来英国最重要的首相。"

▲撒切尔夫人儿童时代

其实，撒切尔夫人在问鼎保守党和英国最高权位的拼杀中，从来没有为自己不是豪门出身而曾有过自卑感。

撒切尔夫人的父亲罗伯茨并非等闲之辈。尽管他12岁时就失学了，但一直刻苦自励，自学成了材。在二女儿还是两岁时，罗伯茨就成了格兰瑟姆自治议会的议员，在她11岁时，又成为这个市镇上最年轻的参议员，以后又历任议员财政委员会主席、格兰瑟姆的国家储蓄委员会主任和治安官，1943年又出任其政治生涯的顶峰——格兰瑟姆市市长。

所以说，杂货生意虽然是罗伯茨一家的生活来源，但罗伯茨一生的主要兴趣则是在政治上。在罗伯茨先生的眼里，政治生活

既有权力的诱惑，又闪耀着奉献的光辉，不仅可以满足这位不懈奋斗者的勃发野心，又符合他那圣卫理公会教徒的责任感与道德观念。

父亲对政治生活的如此热衷，不能不使小玛格丽特很早就对政治生活萌发了兴趣。罗伯茨经常带自己的小女儿去听那些来到格兰瑟姆访问的政治家的谈话，并与他们会晤。这使玛格丽特很早就摆脱了女孩子的腼腆，敢于在人前大大方方地言谈。1935年英国议会选举，使仅有10岁的玛格丽特头一次接触到了国家级的政治，并实际投身于选举委员会的事务。

罗伯兹对玛格丽特的影响至深。女儿很小的时候，罗伯兹就谆谆告诫她千万不要盲目迎合他人。

小玛格丽特觉得活动太多了，有几次曾设法逃脱。有一天，她回家鼓起勇气跟充满威严感的父亲说："爸爸，我也想去玩。"

罗伯兹脸色一沉，说："你必须有自己的主见!不能因为你的朋友在做某件事情，你就也得去。你要自己决定你该怎么办，不要随波逐流。"

见孩子不说话，罗伯兹缓和了语气，继续劝导玛格丽特："孩子，不是爸爸限制你的自由。而是你应该要有自己的判断力，有自己的思想。现在是你学习知识的大好时光，如果你想和一般人一样，沉迷于游乐，那样一定会一事无成。我相信你有自己的判断力，你自己做决定吧。"

听罢父亲的话，小玛格丽特再也不吱声了。父亲的一席话深深地印在了她的脑海里。她想：是啊，为什么我要学别人呢？我有很多自己的事要做呢，刚买回来的书我还没看完呢。

父亲深明道理，因此玛格丽特对他言听计从。父亲嗜书如命，不断追求知识，这一品格传导到了女儿身上。他为弥补没有儿子的遗憾，努力将女儿塑造成一位"领头而不从众"的女性。

罗伯兹经常教育女儿要有自己的理想，特立独行、与众不同最能显示一个人的个性，随波逐流只能使个性的光辉淹没在芸芸众生之中。不管当时她的感受如何，但是在长大后的她看来，这种情操正如对她父亲一样对她也起了非常好的作用。

罗伯兹教育女儿"与众不同"不是负担而是财富，这是值得赞赏的品格。这种早年的教育成为玛格丽特以后发挥作用的因素，她那时面临的是从未曾被女人统治过的男人的世界，她必须在新的"不同的"环境中行事，这是一个女人必须在男人主宰的世界里学会生存的陌生领地。

由于父亲的缘故，玛格丽特整个青少年时期都生活在地方一级的政治边缘上。罗伯兹先生的小店不仅是经济交往的场所，而且成了商会中热心政治的小商人聚集的地方。

玛格丽特的父辈们还常在她家讨论时政、国际大事和探讨自由经济。罗伯兹就有意与女儿就各种问题进行辩论，以造就她拥

有机智沉着、语言丰富、充满感染力和穿透力的雄辩艺术。

11岁时，玛格丽特进入凯斯蒂女子学校。在凯斯蒂辩论俱乐部的辩论会上，她以思维敏捷、观点独到、讲话准确、气势磅礴而使同学们甘拜下风。

玛格丽特所在的学校经常请人来校演讲，每次演讲结束，她总是第一个站起来大胆提问。不管她的问题是比较幼稚，还是比较尖锐，她总是充满好奇地脱口而出，而其他的女孩子则往往怯生生地不敢开口，她们只能面面相觑或抬眼望着天花板。

回家后，玛格丽特向父亲汇报学校的情况时，父亲总是鼓励她："孩子，你有这样的信心，我真为你感到骄傲。你一定会成为一个出色的辩论家。"父亲的不断鼓励使玛格丽特对自己的口才充满了自信。

玛格丽特是学校辩论俱乐部的成员，演讲从不怯场。但老实说当时玛格丽特的演讲技巧一点也不高超，用她同学的话说是根本不能振奋人心，这自然不受同学欢迎。玛格丽特却毫不顾忌，一有机会就上台演讲，而且滔滔不绝。

有一次，因为她讲的内容大家不感兴趣，而且她又讲了很长时间，那时尽管台下时有嘘声，讽刺嘲笑随之而起，玛格丽特自信好强的个性却使她根本不把这些放在眼里，依然毫不脸红地演讲下去。甚至到后来，听她演讲的人都跑光了，她却仍然坦然地把自己想讲的话讲完才停止。很多同学对她这种突出个性不理解，但她对别人的议论也毫不在意，一直维持着独立自信、我行我素的个性。

当时她对希特勒的行径也有自己的认识。她们家附近有一家卖鱼片的店，她经常去买全家星期五的晚饭，在那里排队的人常常组成一个很好的论坛。有一次辩论的题目是希特勒。

有一个人说，希特勒至少使德国人有了一些体面，而且使火车正点了。她激烈地反对这种观点，因此一些大人对她的看法感到非常震惊，而且无疑的还有些恼怒。开店的女老板笑着说："哦，她总是不停地辩论。"

除了对政治活动之外，玛格丽特对法律也产生了浓厚的兴趣。她经常跟随担任市治安官的父亲一道去地方法院；进入中学高年级后，玛格丽特经常利用业余时间去旁听法庭的案件审理。大学毕业之后，她还利用业余时间学习法律，在当选为议员之前即通过了法律考试，成为一名专业律师。这就为她后来向高级政巅攀登打下了坚实的基础。

玛格丽特于凯蒂文女子中学毕业之后，即选定冷僻的化学专业，1943年10月，顺利地进入梦寐以求的英国最高名牌学府牛津大学的萨姆维尔学院深造。当时英国的传统学科以古典文学和历史竞争最为激烈，化学则相对冷僻，选择这一专业的姑娘就更是寥寥无几。有人说，撒切尔夫人当时对专业的选择反映了她头脑的现实与明智。

广泛涉猎各科知识

玛格丽特4岁的时候，父亲进入了市议会，从小商人变成了政府官员，从此进入了仕途，后来还做了格兰舍姆市的市长。父亲从小就辍学，但他一直很喜欢读书，玛格丽特十来岁时经常替

父亲跑图书馆，替他取书、还书，家里的杂务也经常由她和比她大4岁的姐姐承担。

父亲非常重视孩子们的教育，玛格丽特除了上学外，还要上补习班。从5岁起，父亲就让她学习钢琴，教她的老师很好，妈妈也会弹钢琴，所以，玛格丽特进步很快，后来在当

◀撒切尔夫人青年时代

地的音乐会上还得过几次奖。

玛格丽特学琴用的钢琴是她的叔叔约翰·罗伯兹在北安普敦制作的。叔叔还制作教堂用的风琴。玛格丽特10岁时去看望叔叔，叔叔在花园的一个谷仓式的建筑物里制作了两台钢琴。叔叔让玛格丽特用其中的一台演奏，这让她感到特别高兴。

那时，玛格丽特一家每到晚上就在家里开音乐会，玛格丽特弹钢琴，父亲有很好的男低音，他和也是低音的妈妈及朋友们唱一些他们喜欢的老歌，如《圣城》、《失去的琴弦》，以及吉尔伯特和沙利文等人的作品。

11岁时，玛格丽特离开亨廷拖耳路小学后，到凯斯蒂温和格兰舍姆女子学校读书。她中午回家吃午饭，比在学校用餐节省些。每天来回走五六英里路。这个学校的校服颜色是海军蓝，所以人们称这里的学生为"穿蓝校服的女生"。

在这个学校对玛格丽特影响最大的是化学老师，以至于后来玛格丽特决定专修化学。当时，至少在女校中，攻读自然科学的女生也并不多见。

一些关于科学突破的报道助长了玛格丽特对自然科学的天生爱好，如原子的裂变、关于塑料的研究开发。玛格丽特清楚地意识到，一个崭新的科学世界正在展现。

玛格丽特想成为其中的一员。而且她知道，她必须自己谋生，看来从事自然科学是一条充满信心的道路。

　　玛格丽特的父亲要玛格丽特抓住每一个受教育的机会。他们一起去诺丁汉大学听关于当前国际事务的课外讲座。这类讲座在格兰舍姆经常举行。讲完课后有一段活泼生动的提问时间，有很多人参加。

　　"二战"期间，卡姆登学校的女生撤退到格兰舍姆后，学校实行倒班制，因此周末需要加班，但要按照宗教的要求做。

　　玛格丽特的父亲经常与玛格丽特讨论她在学校读过的东西。有一次，他发现玛格丽特不懂沃尔特·惠特曼的诗，这一点很快得到补救。父亲还鼓励玛格丽特读一些古典作品，如布朗特姐妹、简·奥斯汀，当然还有狄更斯的作品。

　　玛格丽特15岁时，父亲当上了市长，还兼任地方治安官。所以，玛格丽特假日时常跟随父亲去法院，有时还旁听法庭审理形形色色的案件。礼拜天，父亲则要带玛格丽特去听布道，这些活动都对玛格丽特产生了很大影响。

　　宗教生活不仅是一种社交活动，而且还是一种富有启发性的知识活动。传教士们具有强烈的个性和鲜明的观点。

　　公理会牧师蔡尔德经常应邀到格兰舍姆布道。玛格丽特记得最清楚的一件事是，他在当时曾透彻地说明了一个颇为先进的思想：不管父亲还是妈妈有什么罪过，都不应该使他们的子女受到牵连。

　　玛格丽特记得他谴责了法利赛派。该派把非婚生育的孩子视为"非法"。镇上的人都知道，有些孩子没有父亲。听了蔡尔德牧师的布道后，玛格丽特为另眼看待这些孩子感到内疚。

除此之外，格兰舍姆的电影院，也给玛格丽特的少年生活增加了无限的乐趣。而且幸运的是，玛格丽特的一位名叫坎贝尔的顾客拥有三家电影院，他们经常邀请玛格丽特去他们那里听留声机。

玛格丽特在坎贝尔家认识了他们的女儿朱迪，她后来成为著名演员，与诺埃尔·科沃德搭档演了战时喜剧《笑逐颜开》，这个喜剧使夜莺在伯科利广场歌唱成为名曲。

由于玛格丽特认识坎贝尔一家，玛格丽特的父母比较容易接受电影院这个事物。只要玛格丽特去看好电影，父亲就十分支持。

在平常日子里，看电影或戏剧的伙伴都是玛格丽特的同龄人。一般每周有一个新电影，但有些电影索然无味，放映不了6天，就从星期四开始放映一个新电影。有些人接着看第二个电影。

在当时，正是好莱坞的黄金时代，玛格丽特已经接触了好莱坞的梦幻世界。花9个便士就可以舒舒服服地坐在电影院里先看新片预告，再看伴以活泼逗趣解说的英国有声电影新闻。随后是公众教育性的短片，如《犯罪没有收益》等，最后才是真正的大片。

玛格丽特后来常常想，自己出生在1925年而不是早20年的世纪初是多么幸运啊。在20世纪30年代之前，生活在英格兰小镇的女孩不可能有机会接触到这么广泛的戏剧演出。

格兰舍姆是个小镇，但每当看电影时，玛格丽特就仿佛在充满梦幻般的想象王国中漫游，她决心有朝一日要到现实世界中去周游。

随着年龄的增长，她已经很少参加此类活动，因为她要准备紧张的入学考试，她的目标是牛津大学萨默维尔学院。

热切关注和了解时事

有一天，玛格丽特的父亲买回了一台菲利浦牌收音机，玛格丽特听说这个消息，激动地从学校跑回家，当她听到从里面发出的各种声音，感觉特别兴奋。因为自此之后，她的生活节奏就不再是扶轮社、教堂和商店，而且还能听到来自世界各地的新闻。

收音机为玛格丽特打开了一个奇特的世界。当时，玛格丽特对20世纪30年代政治世界的了解不够深入，但通过收音机，有些事情还是留在了她的记忆中。例如大萧条的年代，这是由于错误的货币政策导致的第一次但不是最后一次经济灾难。

这次灾难对格兰舍姆影响较小，但对附近的农业地区影响较重，而北部重工业地区的城镇受影响更大。

对于那些处于落后地区的国家和大陆，玛格丽特曾经充满浪漫的幻想，幻想英国人能够带给他们什么好处。玛格丽特曾怀着好奇的心情，倾听一个卫理公会的牧师讲述的故事。牧师说他在

中美洲的一个部落工作，那里非常落后，他们没有文字书写他们的语言，他为他们创造了文字。

后来，玛格丽特认真地考虑过去印度当文官。在她看来，印度帝国是英国的最大附属国。当她与父亲讨论这个问题时，父亲说："当你真的参加印度文官队伍时，也许印度的文官制度已不复存在。"

后来的事实表明，父亲的话很有预见性。

任何人关于20世纪30年代的记忆，都在很大程度上受后来事件的深刻影响，儿童的记忆也是如此。玛格丽特记得父母对国民联合政府的软弱表示不安，因为当1935年阿比西尼亚遭到意大利入侵时，国民联合政府没有给予应有的支援。

▲撒切尔夫人青年时代

在英对德宣战之前很长一段时间，玛格丽特只知道自己对希特勒的看法。在电影院观看新闻短片时，她对褐衫党集会时那种大摇大摆的样子感到非常厌恶，而且很不理解。玛格丽特在大量阅读中，还了解到许多有关纳粹政权所做的野蛮和荒谬的事情。

家里的阁楼里有一大批杂志，其中有一些关于大战的著名照片，一队英国士兵被芥子气毒瞎了眼睛，他们正在走向治疗站，每个人都把手搭在前边人的肩上，由前边的人领路。

早在1938年9月，也就是签订《慕尼黑协定》时，妈妈和玛格丽特就买了很多为防空遮窗用的布料。一有空袭，家里人就爬到桌子底下躲避，等警报解除的信号响起后再爬出来。有一次，玛格丽特正和朋友们戴着防毒面具走在放学回家的路上，有人高喊德国飞机来了，他们立即飞奔到一棵大树底下躲避。

1941年1月，格兰舍姆镇遭到轰炸之后，玛格丽特问父亲能不能去看看爆炸造成的破坏情况，可父亲不让她去。在那次空袭中，有22人被炸死。

实际上，格兰舍姆当时起的作用比玛格丽特知道的要重要得多。隶属于皇家空军轰炸机司令部的轰炸机第五部队就驻扎在这里，而很多轰炸德国的计划就是在哈罗比大路旁的一幢大房子里制订出来的。军官们就在埃尔默街的埃尔姆餐厅里吃饭，玛格丽特上学时经常路过这里。

早在1937年6月，纳粹德国就拟订了代号为"绿色方案"的侵捷计划。1938年9月29日，英国首相内维尔·张伯伦同达拉第、希特勒、墨索里尼一起，在慕尼黑举行英、法、德、意四国首脑会议。协定使捷克斯洛伐克丧失了主权，加强了纳粹德国的

经济和军事实力，助长了德、日、意法西斯的侵略气焰。

战争阴云布满欧洲上空。玛格丽特的父亲投入大量精力组织镇上的防空，以至于他没有时间干其他事了。事实表明，玛格丽特的家庭本来就是一个热心政治的家庭。尽管这里边蕴涵着严肃的义务感，政治也是乐趣。

玛格丽特当时还小，不能为父亲竞选市议员做宣传。但是她得到一项工作，就是折叠那些鲜红的宣传保守党候选人维克托·沃伦德爵士的传单。传单上的红颜色染到玛格丽特的湿润的手指上，有人说"那是沃伦德夫人的口红"。

选举那天，玛格丽特的重要任务是在保守党委员会办公室和投票站、也就是她所在的学校之间来回传递投票情况的信息。

玛格丽特当时不理解关于重整军备和国民联合政府问题的争论。后来，当她十几岁时，她经常与其他保守党人激烈争论，鲍德温在竞选中是否误导了选民，人们普遍认为他没有告诉选民国家面临的危险。

事实上，要不是国民联合政府在那次选举中重新当选执政，就根本谈不上重振军备应该更快一些的可能性；如果工党上台，很可能会做得更差。国民联合政府也根本不可能阻止大战的爆发。

战争还是很快降临到英国人的头上。1939年9月1日，德国入侵波兰。9月3日星期天上午11时，按照英国的最后通牒，德国人应该撤兵。

玛格丽特守在收音机旁翘首以待，但希特勒拒绝撤兵。这是玛格丽特记忆中自己青年时期唯一没有去教堂的一个星期天。内维尔·张伯伦从唐宁街10号的内阁办公室现场播出命运攸关的讲话。

他告诉人们：战争开始了。

此后的一个傍晚，玛格丽特与父亲一起散步，她问父亲："什么时候才能结束战争呢？"

父亲忧虑地说："战争是不以人的意志为转移的，谁都不知道它什么时候结束，怎么结束，但有一点是没有疑问的，那就是我们一定会胜利。"

1941年10月，正当玛格丽特为进入萨默维尔学院努力时，突然意外地收到一封电报，萨默维尔学院说由于有一位新生没有去注册，可以给她提供一个位子。

父亲罗伯兹大力支持玛格丽特的理想，他为此专门给她请了拉丁语教师。玛格丽特的学习异常刻苦，她通过死记硬背，成功地在几个月内学完了五年的拉丁语课程，终于拿到了打开牛津大门的钥匙。

在牛津大学埋头苦读的乐趣

1943年，罗伯兹先生将18岁的小女儿玛格丽特送到牛津大学读书。玛格丽特是罗伯兹家族里第一个上牛津、剑桥的人。

牛津是与剑桥齐名的高等学府，牛津也是培养政治家和优秀人才的摇篮。英国历史上50位内阁首相就有24位毕业于牛津大学。

牛津大学离格兰瑟姆虽只有二三百英里的路程，但对这个从未出过家门、孑然一身又孤陋寡闻的罗伯茨小姐来说，遇到了多方面的麻烦。有人说，牛津对这位新生的确"不是天堂，而是炼狱"。

首先，玛格丽特必须通过"乡音"调整关，因为她入学初期带有明显的林肯郡的乡音，竟成了同学们嘲讽的笑柄。在当时的英国，英语的发音是否纯正，是一个人是否出身于名门贵族、是否受过高等教育的重要标志。如果能讲一口纯正的"牛津英

语",那就是上等人的气
质了。

初到牛津的罗伯茨小
姐急于纠正自己家乡的土
音,结果往往弄巧成拙,
听起来不伦不类,引起哄
然大笑,遭到讽刺挖苦。
经过顽强努力,玛格丽特
的口音总算得到了一定的
调整。后来,在她成为英
国下院反对党领袖时,又

▲年轻时的撒切尔夫人

有特定的公关专家帮助纠正她的发音。所以此后人们在广播或电
视中所听到的撒切尔夫人的声音,早已不是她在来牛津前的那种
乡土"原音"了。

其次,顾名思义,女子学院都是女学生。但是罗伯茨小姐却
很难跟这些女同学融合到一起。她的言谈举止似乎比同学们成熟
一些,但有时说出来的话和做出来的事却又显得幼稚可笑。因
此,玛格丽特经常遭受到同学们的冷遇和疏远。这既使她不胜苦
恼,又加剧了她的恋家情结。这位女首相后来追述她在牛津大学
生活时不禁感慨系之:"我老是想家。当你在家时,绝对体会不
到孤独的滋味。头一次尝到孤独的滋味还真叫人难受哩!"

在牛津大学的4年时间里，玛格丽特基本上是独往独来，没有结交下几个知心好友。到牛津求学的第三学年，她干脆搬出了学院的宿舍，邀了两个女同学合租一套公寓。她们之间虽能和睦相处，谈笑不苟，但始终没有成为知音。

初到牛津时的孤独、压抑和同学们的冷嘲热讽，并没有使玛格丽特对学习与工作的刻苦精神有丝毫消减。她仍像在凯蒂文女中学习时那样，在萨姆维尔女子学院也是同学中最用功的一个。当时学院课程之繁重，实验活动之多，令许多学生都感到头痛。而玛格丽特却总是那样精力充沛，勤奋好学，而且把一切都安排得那样井井有条，稳妥有序，显露出一个女强人的特色。

她经常从晚上忙到次日凌晨两三点钟，早上六点半钟又起床。每天只睡五六个小时的觉。这种在牛津大学养成的习惯，一直保持到她出任英国首相时仍然不改。这一特色使不少强有力的男士也不禁望而生畏。

英国政坛老手、希思派干将、后来又成为撒切尔夫人麾下核心人物的威廉·怀特洛就这一特色说道："她的精力十分惊人。谁要是认为妇女不具备男人那样的精力，那就大错特错了。她比男子的精力还要旺盛一倍。她要是让我一天干她那样多的工作，那就要我的命了！当她以这种步子做事时，一天下来，她周围的人都累得精疲力竭，而她却仍然精神抖擞。"

这个一度是撒切尔夫人最有力的竞争对手的保守党元老，

也就心甘情愿地拜倒在她的膝下。这当是后话，是40年以后的事了。

玛格丽特是在隆冬的严寒中到萨默维尔去参加牛津入学考试的。在第一个学期的生活开始之前，玛格丽特对前去就读的学院几乎没有什么印象，对整所大学的全貌更谈不上什么了解。她来到萨默维尔，开始了第一学期的生活，很想家，对新环境了解不多。

萨默维尔常会使人感到震惊。对于它的外观，最好的评语大概只能说是朴实了，很多不太好奇的人虽然从那里过路，也许不知道那里就是萨默维尔学院。但谁能想到，院子里边竟是一大片碧绿的草地，四周的房子相对而立，掩映成趣。

战争对大学生活的影响很大，最明显的表现，就是对于玛格丽特这些只有十七八岁的年轻人来说，年龄上只要长一岁，无论在观点还是在成熟程度方面都会有很大的差异。

牛津和萨默维尔虽未直接受到战争影响，却都深深地打上了战争的烙印。尽管附近的考利有一家发动机厂，后来又成为一个飞机修理中心，但不知为什么，牛津从未遭到过轰炸。

不过像其他地方一样，整个镇子和学校都实行了灯火管制，而且受到战时物资匮乏的种种影响，配给学生的东西多数直接发放到学院。

在头两年里，玛格丽特住在学校里，又从格兰舍姆带回一只

旧扶手椅，这些东西多多少少让她感到那些房间是属于自己的。在第三年和第四年，玛格丽特和两个朋友合住在华尔顿街。

玛格丽特很少应邀出去吃饭，但还是感到食堂的伙食平淡无味。有时她会拿剩下的一点餐券买些果酱和其他东西。她不再往茶水里加糖了，正是这种简朴的生活，为她的健康和体型带来的一个小小的好处。此外，使用热水也都有严格的限制，例如规定浴缸里的水不得超过五英寸。

玛格丽特是罗伯兹家族里第一个上牛津剑桥的人。尽管她的父母不露声色，但她知道他们为自己能上牛津深感自豪。

入学前，玛格丽特对牛津大学的了解远不及同龄人。但玛格丽特认为牛津就是最好的，如果自己真想有所作为，那么牛津就应是自己始终如一的追求，没有必要降格以求。本地的一所诺丁汉大学也是出色的学校，而且它的理科专业相当不错，但玛格丽特从不为它所动。

在牛津大学，玛格丽特从不迟到，从不拖交学术论文。她无疑是学生中的佼佼者。

尽管如此，一贯认真严肃的玛格丽特也不乏女郎的纯情和浪漫。她在大学时期也曾经历过自己的初恋，但最后以门阀之见而告吹。姑娘失恋后一度痛苦万分，她破天荒第一遭发现自己引为自豪的父亲和精神支柱的家庭在名门贵族面前的卑微。初恋的失败兴许成了玛格丽特在权力的阶梯上不断向上攀登的动力。

与初恋的情人分手之后，玛格丽特·罗伯茨小姐虽也曾在爱河中游泳过，但都因多种原因而未能成就姻缘。由于与萨姆维尔学院的同学们合不来，她更愿与学院以外的男同学交往。大学毕业之后，直到步入政治舞台，她的朋友中多以男性为主。撒切尔夫人似乎觉得在男士的圈子里更轻松自如、游刃有余一些。撒切尔夫人自己就曾经说过："给我六个男士和真理，我就能改变一切。"

在大学四年紧张的学习之余，玛格丽特·罗伯茨小姐还参加了许多在老家不可能接触到的政治活动。当时，第二次世界大战正在如火如荼地进行着。她没有置身于政治之外，而是积极、活跃地参加了保守党组织的各项活动，成了牛津大学保守党俱乐部的重要成员之一。

1946年，玛格丽特被推举为俱乐部的主席。当时，英国政局动荡不定，保守党和工党斗争激烈，玛格丽特则毫无保留地站到了保守党的一边。从某种程度上说来，这与她那保守主义的传统家教不无渊源，但更重要的是玛格丽特在牛津的政治活动中深受保守党政治的熏陶。

她非常钦佩温斯顿·丘吉尔，并立下宏愿要做他那样的政治家。牛津大学也确实是培育叱咤风云人物的苗圃，许多攀上英国政治权力顶峰的人，都曾是牛津大学名气很响的牛津联合会的成员，如四次出任英国首相的自由党领袖威廉姆·格莱斯顿、三

次出任英国首相的保守党领袖罗伯特·索尔兹伯里、一度出任英国首相的保守党领袖哈罗德·麦克米伦、两次出任英国首相的工党领袖詹姆斯·威尔逊和一度出任英国首相的保守党领袖爱德华·希思等。这些人都是牛津大学的毕业生。

牛津大学对玛格丽特还有一种吸引力，那就是它的学院制度。牛津大学由若干学院组成，但大学也有一些中心机构，比如博德林图书馆。

那时大学生的生活主要在学院内，其次是其他一些机构，比如教堂和社团，而这些机构又有它们自己的天地。与其他专业的学生不同，作为一名理科生，玛格丽特的日常活动自然更多地穿梭于学院的众多机构和设施中间，比如化学实验室。

从1944年开始，牛津的气氛随着因伤病退役的军人的归来再次发生了变化，他们或是来完成一个缩短的战时学位，或是开始一个完整的学位。这些军人有太多的经历，在校的学生对此望尘莫及。

起初，玛格丽特是自我封闭的。在这种全新的环境里，玛格丽特感到羞怯和无所适从。她依然坚持在格兰舍姆的习惯，独自长时间散步，环绕基督教堂草坪，穿越大学公园，沿着查韦尔河或泰晤士河而行，享受独处的乐趣，陶醉于万般思绪之中。不久，她便开始能够体味牛津的生活乐趣了。

玛格丽特在牛津的头几年恰逢战争接近尾声，随着战争结束和军人复员，牛津成了一个各种观点和经验的交汇地，这让玛格丽特受益匪浅。

牛津娱乐活动的节奏加快了，8浆划船比赛又恢复了，玛格丽特去河边观看过比赛。

玛格丽特第一次去跳舞，有时甚至喝一点儿酒，第一次抽了香烟，尽管不怎么喜欢，虽然她知道如果坚持吸下去的话就会品出味道来的。玛格丽特决定不吸烟，把钱省下来每天买《泰晤士报》。

她在老剧场和新剧场观看契诃夫和莎士比亚的戏剧。她还观看过一部精彩的牛津大学戏剧社的演出，是在学院花园上演的，由牛津当时的时髦人物肯尼斯·泰南主演。

玛格丽特的牛津生涯本来可以更丰富多彩些，但她手头不富有，而且若不是她的导师、总是乐于帮忙的化学家多萝西·霍奇金向学校建议，使她得到一点奖学金，不然的话她将入不敷出。玛格丽特还得到一些教育基金的帮助。

如果当时玛格丽特愿意承担一些教学任务的话，她会从这些机构中获得一笔额外的收入。但她知道自己并没有从教的天赋，她确信好的老师需要有一种天赋，而大多数人根本不具备这种素质。

来到牛津的玛格丽特埋头学习。在第三学年里，她与另一位同伴合作写的论文获得了基可尔笛论文奖。这是一项标志着一定

学术水准的论文奖，非一般学子所能攀及，因而也就没有人敢于蔑视得主。

多萝西·霍奇金致力于调光晶体学的研究，这又是一个比较新的领域。拥有这样一位有才华的科学家和天才的教师，对学院来说是一件幸事。

霍奇金夫人是皇家学会的会员，后来为第一种抗菌素盘尼西林分子结构的发现作出了决定性贡献，为此她获得了1964年的诺贝尔奖。

在玛格丽特大学生活的第四年和最后一年，由多萝西·霍奇金指导，玛格丽特与一位德国流亡者格哈德·施密特一起研究简单的蛋白质短杆菌肽B，这是修完第二部分化学课程所必需的研究项目。

宗教在玛格丽特的牛津生活中也扮演着相当重要的角色。很多年轻人进入大学后，一方面由于接触了无神论，一方面可能出于不太好的原因，从而失去了他们的信仰，这种故事非常多见。但玛格丽特却从未感到过类似的危机。

卫理公会在信仰方面给了玛格丽特一只稳固的船锚，当然，还让她有了很多社会关系和朋友，这些人都有着与她相同的世界观。

星期天，玛格丽特通常会去卫斯理纪念教堂做礼拜。像格兰舍姆小镇一样，那里有一种既温暖、冷静而又令人感到快乐的社会生活氛围。初来乍到，身处一个多少有些陌生的环境，这种氛围更让玛格丽特觉得亲切和值得珍惜。

这所教堂里有个非常活跃的学生联谊会，星期天晚做礼拜之后，通常会在牧师家里举办一个大型的咖啡晚会，同时也会就宗教或者其他问题进行热烈的讨论。偶尔玛格丽特也会去牛津大学的圣母玛丽亚教堂，听一场别有趣味的布道。有时，玛格丽特也去学院的小礼拜堂，如果听说是海伦·达比希尔小姐布道，她就一定会去的。

在宇宙俱乐部和科学俱乐部，玛格丽特也遇到过其他崭露头角的年轻科学家，听过很多知名科学家的讲座。其中包括伯纳尔，他的政治观点与当时很多科学家一样相近。但是他们从未幻想过把他们的政治观点带入师生关系之中。

热衷于校园政治活动

牛津大学是培养天才的摇篮。来到牛津大学之后，玛格丽特在参加政治活动的过程中，也认识了一些朋友。这使她的眼界大开，接触到格兰舍姆不可能接触到的政治活动。

此时第二次世界大战已经打了两三年。战争的烟火弥漫着整个伦敦的上空，学院到处是反对纳粹的呼声。玛格丽特没有置身于政治之外而静心地钻进象牙之塔，相反却非常活跃地加入了保守党协会的活动。这与她父亲的生活方式、思想作风和保守主义倾向有很大的关系。

在牛津大学，很少有人像玛格丽特那样把自己的一半时间花费在协会工作上。由于她的献身精神、出色的工作和非凡的组织才能与雄辩的口才，到了第三学年，她就成为牛津保守党协会的主席，并直至大学毕业。

这和当时牛津大学尚将女子排斥于牛津联合会的时代极不吻

合，而且是牛津历史上的头一回。这并非牛津的才子们甘拜下风，而是协会里事实上无人能胜过玛格丽特的必然结果。

保守党的很多重要人物常常去牛津的协会讲演，讲演前玛格丽特总是以牛津大学保守党协会主席的身份在饭店宴请他们。

那时，尽管玛格丽特才20岁出头，但她常常以极其自信的外貌和纯然坦荡的方式来接待她的上司们。

在宴会中，她总是抓住时机恰如其分地在自己扮演的角色中淋漓尽致地施展自己的才能，并善于控制和掩饰自己所有的感情。

由于玛格丽特在牛津大学的名声，1945年大选前夕，格兰舍姆保守党候选人乔治·沃兹专门写信给玛格丽特，特邀她利用暑假回去作为他的代理人参加竞选。玛格丽特出色地完成了代理人的任务。

无论在和平时期还是战争时期，学生对国家的主要贡献莫过于刻苦学习，获取知识，而不是想入非非，得陇望蜀。但玛格丽特还是想尽量多做一些实事。

每周一两个晚上，她去卡法克斯的军队食堂服务。来自附近的福德基地的英国士兵和美国航空兵是军队食堂的常客。

玛格丽特在最后一学年认识了威廉·利斯·摩格。他早年就已成为《泰晤士报》的知名编辑。

玛格丽特同威廉的关系始终不如同爱德华那么密切，这个

人让人觉得他拘谨的外表下透出某种坚毅，似乎生来就属于高层次。

闻名遐迩的自由党人罗宾·戴同爱德华是牛津学生会的头面人物。玛格丽特和他后来在同一个律师事务所工作过。

另外一位明星人物是托尼·本。那时他仍然使用他的全名尊称：尊贵的安东尼·韦奇伍德·本。玛格丽特和他的意见总是相左，但他辩论时总是彬彬有礼，言辞有力。他是个爱国者，随着社会主义越来越落后于时代，他居然变得很传统了。

▲ 年轻时的撒切尔夫人

不过他与玛格丽特共同的宗教根源使他们之间存在一定的互谅。托尼当选学生会主席时，玛格丽特还应邀去参加了庆祝会。托尼严守新教教规，庆祝会没有准备任何酒。

玛格丽特作为牛津大学保守党协会的一名干事，自然而然地参与了1945年的大选活动。在牛津，她忙于牛津市下院议员昆廷·郝格的竞选活动。

像牛津大学保守党学生会的很多成员一样，玛格丽特听了保守党中央总部的斯特拉·盖特豪斯夫人讲的关于公众讲演的课。她强调表达要简明，尽可能少用专业术语。

其实在选举会议上，当你从来不知道候选人到达之前你要发言多长时间的时候，有时喋喋不休是很有用的。

但是，对玛格丽特个人来讲，最有价值的经历还是当一个富有幽默感但又挑剔的听众提问时，这时她不得不独立思考答案。

有一次，一位老人在一次这样的会议上给玛格丽特提出了一个问题，这个问题在很长时间里影响了玛格丽特对福利问题的看法。

老人问道："就因为我节省了一点自己的钱，就不给我'援助'。如果我把钱都花光，他们就会帮助我了。"

对于一个新福利国家，这是一个早期警告。这个警告不久就要摆在政治家的面前。

保守党支持的候选人失败了，玛格丽特感到很震惊也很难过。她回到格兰舍姆"电影院"，在屏幕上看到更多的结果显示出来，情况并没有好转。这使玛格丽特感到痛苦和迷惑。

1946年3月，玛格丽特成为牛津大学保守党协会的司库，同月晚些时候作为牛津大学代表之一，出席了在伦敦的沃尔多夫饭店举行的保守党大学生联合会的会议。这是玛格丽特第一次参加这样的会议，她非常高兴。

玛格丽特讲话支持更多的工人阶级出身的人士参与大学的保守党政治活动，她感到人们有必要丢弃那些令人感到沉闷的、谨小慎微的保守党观念。

她说："我们都听到了关于这个时代是普通人的时代的论调——但是请不要忘记也需要非同寻常的人。"玛格丽特想或许本来还可以加上"妇女"两字。

1946年10月，玛格丽特当选牛津大学保守党协会主席，成为第三位担任该职位的妇女。那年夏天，玛格丽特通过了期末考试，并开始了四年级的争取化学学士学位的研究工作，因此，她有较多的时间参加政治活动。

玛格丽特平生第一次出席了那年在布莱克普尔市召开的保守党年会。她立即被吸收入党。

在格兰舍姆和牛津，成为一名保守党员令人感到不同寻常。而现在玛格丽特突然置身于有着与自己同样的信仰，和对谈论政治有着永不枯竭的热情的数以百计的人们中间，心中感到万分激动。

由于当上了牛津大学保守党协会主席，玛格丽特从此实现了自己迈向政治生涯的起步。

这是因为，在牛津大学就读期间，玛格丽特几乎花费了自己的一半时间去干协会里无人干的琐碎事，而且兢兢业业，任劳任怨，最终成为该协会史上的第一位女性主席，这大概是对她三年

来献身于协会工作的忘我精
神的酬报。

这一职位给玛格丽特提
供了大量机遇，扩大了她在
政治上的接触范围，大开了
眼界，锻炼了驾驭自己的能
力，学会了从事政治活动所
必需的社交技巧。

玛格丽特曾代表牛津的
保守党人参加了1946年的保

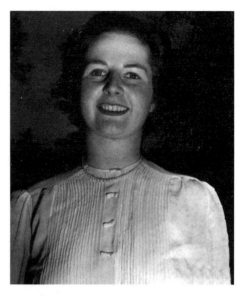

▲年轻时的撒切尔夫人

守党年会，并在会上发了言。她在会上见到了保守党内所有的大
人物。尽管这位保守党女大学生并没有给这些党内首脑们留下什
么印象，但他们的名字却深深地印在这位才20来岁的姑娘的脑
海里，她也就更为坚定地把自己的政治兴趣和未来前途押在保
守党身上了。

牛津大学作为英国新一代精英的摇篮，经常接待两党知名的
政治家来校演讲。而保守党领导人更是把牛津当成与工党和自由
党争夺年轻人的重要政治桥头堡，来访者简直络绎不绝。

玛格丽特必须以协会主席的身份出面宴请他们，负责为他们
安排讲坛和其他一些迎来送往的事务性工作，这样一来，玛格丽
特便结识了许多保守党的上层人士，尔后并同他们保持着某种特

殊关系，实际上进入了保守党的关系网。

曾任保守党领袖、英国首相和外交大臣等职务的亚历山大·道格拉斯-霍姆勋爵就是玛格丽特出任协会主席后头一个来牛津演讲的大人物。

后来玛格丽特进入英国下院后，曾在他的政府里担任过国民保险部政务次官。他们还一同当过希思政府中的内阁成员。不仅如此，这位玛格丽特早年所崇拜的党内元老，后来还是她那内外政策的坚定有力的支持者。

所以说，在牛津这个"炼狱"中度过的4年，对玛格丽特·希尔达·罗伯茨小姐未来的仕途是意义重大的：她从一个孤陋寡闻、埋头苦干的"杂货商之女"成长为保守党的一名新秀；从一个默默无闻、名不见经传的偏僻小城的中学生变成了一位立志投身政治的幼苗。这棵新苗在历史的风风雨雨中终于脱颖而出，茁壮成长，成了世人刮目相看的女政治家。

1945年8月6日，玛格丽特从广播新闻中得知美国在广岛投了一颗原子弹。在此之前，人们知道自己正处在获得大规模杀伤性武器技术突破的前夕。

玛格丽特自己的学习专业以及与科学研究成果的实际应用有关的问题，对她产生的吸引力，这也许意味着她比大多数人更知道原子弹制造可能导致的事态发展。

玛格丽特曾在美国出版的《用于军事目的的原子能》一书

中，看到非常充分的阐述。然而，尽管它可能是些老生常谈，可她一听到关于日本广岛的最初报告，就立刻意识到随着原子弹的出现这个世界就变样了。

玛格丽特当天晚上在由布莱克普尔乘火车回家的路上对此事进行反思，后来又看到有关的大规模毁灭的报道和照片。

然而这些都未使玛格丽特对使用原子弹决策的正确性产生怀疑。她认为使用原子弹的决策基本上是正当合理的。这主要是因为如果由盟军袭击攻占日本本土，就不可避免地要带来人员的伤亡损失。

1945年，玛格丽特毕业于英国著名的牛津大学萨默维尔学院，学习成绩优异，获化学学士学位。

在从牛津毕业之际，玛格丽特对大千世界、尤其是政治方面的情况已知之较多。

玛格丽特的性格依然如故，信仰也一如既往。但她更明了如何处理与他人的关系及他人的雄心和意见。简言之，玛格丽特长大了，她找到了自己此生真正想要去做的事情。

在大学生活即将结束之前，玛格丽特回距格兰舍姆16英里的小村考比格伦参加了一场舞会。散场后，她同一些朋友在自己住处的厨房里喝咖啡，品尝三明治。像通常一样，玛格丽特谈起了政治。

玛格丽特所谈的某些内容，或者说是谈论时的方式，引起一

位男士发问道："你真正希望成为一名议员，不是吗？"

"对，那正是我想要做的。"玛格丽特几乎不假思索就作出了回答。她以前还从未这样说过。

如果说进入牛津大学是一个惊喜，那么离开牛津大学就是另外一种震惊了。在牛津，玛格丽特结交了很多志同道合的朋友，她乐此不疲地在化学领域里探索，热衷于校园政治。可是要告别这一切的时候。还真是一种痛苦。

咖啡座谈的这天晚上，玛格丽特思绪万千，难以入眠。

第二章 初谙政事

我之所以从事政治，是因为我有某些信仰，并试图把它们付诸实践。

——撒切尔夫人

竞选达福特德区议员

1947年夏，玛格丽特·罗伯茨小姐从牛津大学毕业了，她从此开始了一种全新的生活——初展锋芒，在政治舞台上闯入男人主导的空间，从一个女大学毕业生一跃而为英国下院议员，成为举国关注的女政治活动家。

大学毕业之后，玛格丽特·罗伯茨小姐对政治的兴趣日浓，并准备大干一番。但为了谋生，支撑自己的经济生活，她选定的第一个职业是在一家化学公司工作。尽管她在公司不得人缘，遭人嘲弄，但她对分内工作还是尽职尽责的。这时，玛格丽特虽是干化工实验，但业余却积极参加公司所在地埃塞克斯郡可切斯特保守党协会的政治活动。她在政治活动方面花的时间和精力，要比用在实验室里的多得多。

牛津大学为帮助应届毕业生找到合适的工作，新成立了一个职业介绍委员会，该委员会安排玛格丽特参加了几个单位的面试，其中之一是帝国化学公司在北方的一家工厂，地点是在比灵赫姆。

几位经理对这些毕业求职者进行面试，并写下了书面意见，交给总经理。总经理最后又对他们进行面试。

在接受面试时，玛格丽特发现经理们给她写的评定意见放在桌子上，就忍不住从桌子对面偷看一眼。这些评价有的令她鼓舞，有的令她不安。一位经理写道："此女子个性太强，不宜在此工作。"

玛格丽特一共参加了三四次这样的面试，虽然均未成功，但她很喜欢这样的考试。不仅仅是因为自己被带入了一个新的工业世界，还在于那时的主考者均彬彬有礼，乐意倾听每个人讲述他们个人的抱负和憧憬。

最终，玛格丽特被一家塑料公司的研究开发部录用，该公司就在科尔切斯特附近的曼宁特里，生产一系列工业用和民用塑料产品，包括胶卷。

很少有人喜欢一项新工作的开始阶段，玛格丽特也不例外。当初她同该公司负责人面谈时，她就理解自己的职务大概是研究开发部主任的私人助理。玛格丽特之所以想得到这个职位，就是因为她想通过这个职位更多地了解公司是如何运作的，并施展自己在化学知识及其他方面的才能。

可是，当玛格丽特报到上班时，她就穿上了白色工作服，一

头扎进了那丰富多彩的塑料世界里。

研究与开发部作为一个独立的部门刚刚成立，万事开头难。玛格丽特很快就有了一两个朋友，一切变得容易多了。她的上司帮助她渡过了这个难关。

研究与开发部也已搬到劳福德附近的一幢相当漂亮的房子里。像公司的很多其他人一样，她也住在科尔切斯特。

玛格丽特越来越喜欢这个小镇，她在镇上找到了舒适的住处，班车每天接送上下班。

▲撒切尔年轻时作为一名化学研究人员在工作

同以前一样，玛格丽特还是离不开政治。工作后，她立即加入了当地的保守党协会，积极参与党的各种活动。

她特别喜欢参加一个叫三九四五讨论小组的活动。在那里，参加过"二战"的保守党人聚在一起，互相交流看法，针对当时各种政治话题各抒己见。玛格丽特也尽可能地与一些如爱德华·博伊尔那样的老朋友保持联系。

有一次，玛格丽特参加完了一次讨论会后，同别人探讨起未来想干什么的问题。年轻人经常谈起这样的话题。一位牛津时的朋友约翰·格兰特说他认为玛格丽特将来会当一名议员。"嗯，是的。"玛格丽特回答。

那时，保守党协会正在物色一名候选人。

当时有人提议："有个年轻妇女，玛格丽特·罗伯兹，你们也许可以见一下面，她真不错。"

回应的人说："是吗？但达福特德是一个工业重镇，我想选一个妇女恐怕不行。"

提议者认为还是可以先见见她。就这样，他们同意与玛格丽特在星期六见面。

这天，玛格丽特应邀前来，与达福特德妇女协会主席弗莱彻夫人在兰多诺码头餐厅共进午餐。弗莱彻夫人大概对一位妇女成为达福特德议员候选人持有异议。虽然如此，他们对见到的玛格丽特还是喜欢的，玛格丽特跟他们也很谈得来，后来成了亲密的

朋友。

弗莱彻夫人很有风度，玛格丽特很快对她产生了一种敬慕之情。午餐后，她们沿着码头走回会场，找个好座位，听党的领袖温斯顿·丘吉尔发表演讲。

大会开了一周了，玛格丽特还是第一次见到丘吉尔。那时，党的领袖并不出席年会，只是在星期六的最后集会上露个面。自然，丘吉尔讲话的重点是外交事务。

1948年，玛格丽特在一次保守党会议上结识了肯特郡达特福市保守党协会主席约翰·米勒。米勒鼓励她报名参加保守党达特福选区的竞选。玛格丽特经过努力，在1949年3月，正式成为保守党的议员候选人。

▲撒切尔夫人在化验室工作

接着，玛格丽特便搬去达特福市，正式离开工作了三年的本迪克斯化学公司，在莱昂斯公司又找到了一份差事——当研究食品的化学师。达特福选区保守党人对她的热情关怀和尊敬，使她有宾至如归之感。

玛格丽特在一次电力

公司大厦举行的选举演讲会上，发表自己的政见指出：抨击工党的经济政策，特别是统购政策；坚决主张减低税收；强调"帝国特惠制"是保守主义的柱石。

在8月6日的群众集会和9月在爱德华·希思的选区贝克斯和邻近的妇女午餐俱乐部里，玛格丽特在演说中再次强调保守党的一贯路线，特别强烈地抨击了国有化。

通过这几次演说，玛格丽特在选民中亮了相，使人们了解到她政治思想的若干基本点。从这时起，撒切尔夫人的政治见解已经在萌芽了。

玛格丽特通过一系列竞选活动而扬名全区，但竞选的前景却并不乐观：达特福区当时被工党的诺尔曼·多兹把持着。要赢得对这位强手的胜利，的确不是一件容易的事。在1950年选举中，玛格丽特·罗伯茨最终以24490选票对38128选票而败在多兹的手下。

不过玛格丽特使保守党在这一选区的得票率提高了二分之一，使工党的选票减少了三分之一，这在当时的确是一次了不起的胜利。因此，玛格丽特便引起了保守党总部的关注，他们认定这位年纪轻轻、初出茅庐的女候选人比许多男候选人表现得更为出色，并从而把她视为变革中的保守党的新生力量。

1950年选举，玛格丽特的对手是工党候选人多兹。参选这天，联合大厅被挤得水泄不通，玛格丽特从名不见经传的大学

生变为达特福区的保守党候选人，虽然第一轮竞选败在多兹的手下，但是给人们留下了鲜明的印象。选民们继续推举她为候选人，还送给她一枚矿石饰针，以示同情。

玛格丽特立即投身于第二轮竞选，她到处发表演说。其内容囊括了国家的各方面问题，如战争与和平问题、住房问题、养老金、"帝国特惠制"、伊朗政府宣布英伊石油公司收归国有、英国企业的国有化和私有化问题等，但玛格丽特仍然没有拿到达特福区的席位。

一个政界的陌生人、涉世不深的青年女子，在复杂的政界初试锋芒，毕竟还显稚嫩。虽然报界出于好奇，也说了不少好听的话，但是要取得政治界的普遍承认，还需要一段路程。

与丹尼斯的幸福婚姻

正当玛格丽特以新女性的形象在政坛崭露头角的时候，丹尼斯·撒切尔先生进入了她的生活。

丹尼斯·撒切尔出身富有之家，父亲继承祖业并在此基础上发扬光大，开办了一家油漆化工品的大公司。那时丹尼斯33岁，比玛格丽特整整大10岁。

丹尼斯·撒切尔在第二次世界大战中曾在法国、西西里岛和意大利本土作过战，得过帝国勋章和通报嘉奖。战后退役，丹尼斯做了埃里斯油漆公司的常务董事。

丹尼斯·撒切尔虽然也是卫理公会教徒，但他却不像正统的卫理公会教徒们生活得那么简朴和古板。

丹尼斯·撒切尔讲究排场，生活阔绰，在伦敦有自己的豪华公寓，还有一辆豪华型小轿车，而且埃里斯油漆公司就设在达特福选区，因而他和该区的保守党人混得很熟。

也是事有巧合，那天晚上他的朋友请他协助筹办欢迎玛格丽特的宴会，丹尼斯当然也亟欲一睹这位女候选人的风采。

一见之下，果然不凡，玛格丽特那干练、刚毅、整洁、靓丽的形象，给这个有过婚姻挫折的中年人留下了深刻的印象。

当然，丹尼斯出身不俗，经济基础雄厚，在生意场上成就不错，加上高大英俊、一表人才、举止儒雅、气度雍容，也正是玛格丽特小姐的意中人。

唯一使玛格丽特小姐犯难的，是丹尼斯不是一个黄花郎，这有悖于她和她一家人所崇奉的卫理公会教义。

早在1938年，丹尼斯参加皇家部队。第二年"二战"爆发。1942年他与一位漂亮的姑娘结婚，由于战争，他们始终未能生活在一起。6年后，他们的婚姻破裂。他的第一任妻子后来说，他是她见过的最和蔼的男人。

丹尼斯不愿提起这段往事，尤其是在娶了玛格丽特·撒切尔夫人之后。要强的玛格丽特任何事情都不愿做第二，婚姻上也是如此，直到儿女们长到23岁，她才把这件事告诉孩子们。

1943年丹尼斯的父亲去世后，忧郁的他随部队去了西西里。在那里，他养成了喝酒的习惯。1946年，他以上校军衔回到家族公司任经理。公司已转为制造涂料和清洗剂。他并不喜欢他的工作，但忠于职守，直至担任国家涂料联盟委员会主席，还与人合写这方面的书。

经过一番痛苦的犹豫，玛格丽特小姐终于痛下决心，接受了丹尼斯的爱情，并在1951年大选这一天双方举行了订婚仪式。

1951年12月13日，玛格丽特·罗伯兹小姐与丹尼斯·撒切尔先生结为伉俪，婚礼是在伦敦城市一座威斯雷小教堂举行的。

参加婚礼的多数是新郎和新娘的保守党朋友，还有丹尼斯的寡母和未婚妹妹，以及玛格丽特的妈妈和姐姐。

婚礼之后，撒切尔夫妇前往葡萄牙、西班牙和法国度蜜月。这是新娘有生以来的首次出国，陶醉、欢愉之情不在话下。他们一起坐水上飞机的经历，多年后撒切尔夫人谈起来还很激动。

玛格丽特成为撒切尔夫人和选择13号结婚，不仅是对"数字13恐惧症"的义无反顾的挑战，也是对传统教律的一种反抗。我们与其说她同丹尼斯的结合是超越世俗偏见的壮举，不如说是为了迅速达到政治目的而寻求金钱婚姻的结果。

玛格丽特和丹尼斯从相识到结婚，其间经过

▲1951年撒切尔与玛格丽特-罗伯茨结婚

了两年时间。撒切尔夫人曾说，"我的婚姻是幸福的"。结婚之后，玛格丽特即迁居伦敦，辞去了她在莱昂斯公司的那份工作，开始潜心攻读法律了。丹尼斯每天开车83英里去上班，早出晚归，薄利多销的营销策略使他的生意越做越大。

玛格丽特有了温暖的家，有了丈夫在精神与物质两方面的全力支持，她可以专心致志地去从事自己的事业了。玛格丽特对此毫不隐讳，她经常对人说："是丹尼斯的钱帮助我走上了成功之路，我对他充满感激之情。"

初为家庭主妇，玛格丽特不得不调整自己的角色：既要白天去法律教育理事会听课，或去图书馆翻阅资料，撰写论文，又要晚上回家做饭，干家务，装饰居室，而且做得很尽心，很投入，也很有水平。

婚后，撒切尔夫人既要操持家务，又要读法律课程，曾想暂停政治生涯，但又割舍不下，便问丈夫怎么办。

婚后两年，当撒切尔夫人产下一对双胞胎时，距离法律课程的结业考试仅有三个月。

玛格丽特请了一个奶妈照看婴儿，硬是咬牙通过了这次结业考试，取得了当律师的资格，而且当上了税务法官议事所的见习律师。

按照规定，取得法学文凭或通过法律教育学会考试的人，必须在法律事务所实习一段时期，一般为半年。此外，见习人员还得交上一笔钱，好在有丹尼斯的经济支持，这都不成问题。她遇到的麻烦主要是律师界对妇女的歧视。

税务法官在英国一向是男士的"一统天下"，撒切尔夫人硬是一头闯进了这一禁区，以特有的顽强精神、果断处事能力和高效工作方法，很快就进入了角色，负责称职，而且还打赢了一场官司。

到最后玛格丽特离开这家事务所时，她已给同事们留下了良好的印象。

在牛津大学毕业7年之后，玛格丽特终于在1954年如愿以偿，进入了新广场5号的林肯协会税务事务所，开始做正式的执业律师。

此后，撒切尔夫人便永远告别了化学实验室，跨入了法律、政治界。她的青春和精力已化作了一块坚实的攀缘基石。

在1954年，即她进入林肯协会税务事务所工作前的一年半之内，她曾转换了三个法律事务所。当撒切尔夫人从刑法和习惯法事务所转到税收事务所时，也遭到不少非议。

人们认为税收事务是男人的领地，是男人才使它维持到今天，像撒切尔夫人这样有两个小孩的妈妈更不应该涉足此地，而应回家去为孩子洗尿布。可是，撒切尔夫人却认为："好女一旦与男人平起平坐，她们将会胜过男人。"

撒切尔夫人在法律事务所工作至1961年，而她的名字直至

1969年才被人们依依不舍地从办公室的牌子上取下来。

不过，撒切尔夫人在做律师的同时，她的两眼始终没有离开过威斯敏斯特宫——英国议会所在地。她争当律师的唯一目的，是要锻炼自己，为最终进入议会作赛前热身准备。

这一时期的撒切尔夫人并没有把自己的主要精力放在律师事务上，而主要是为能进入下院而上下求索。

她那滔滔不绝的雄辩和她对保守党内外政策的娴熟，都充分表明她已是这一历来归属于男人的政治舞台上当之无愧的演员，成为初露锋芒的女政治活动家了。

从1950年竞选达特福区的议席开始，经过十年的艰苦奋斗，34岁的玛格丽特·撒切尔夫人总算如愿以偿并且以芬奇莱区为基点，已隐约看见自己那铺满玫瑰和红地毯的光明前途了。

迈出通向议会的第一步

1950年选举到来之前，保守党的力量开始恢复。

它强调了通货膨胀的后果、经济管理混乱、浪费及官僚主义的情况。玛格丽特对宣言关于外交政策的明快的表述特别满意。

在竞选运动的那几周里，玛格丽特感到非常疲惫。对她来说很多事情都是新的，而且新手总是缺乏后劲。她常常在白天找时间准备晚上的讲话稿，还要给选民写信，争取支持。

大多数下午的时间都是用来上门游说，有时候，用大喇叭来宣讲。在当时，妇女候选人大多是不去工厂游说的。但玛格丽特去了，工厂内外都去过，总是受到比较热烈、有时也颇为嘈杂的欢迎。

玛格丽特接受了一个候选人诺曼·多兹提出的与她在当地的文法学校的大礼堂进行辩论的挑战。两人先后分别致辞，然后回答提问，最后分别致结束语。各方都有自己的支持者，嘈杂

得很。

竞选运动期间，他们又进行了一次同样热烈的难分胜负的辩论。大家只就有关问题和事实进行辩论，而不进行人身攻击，这使辩论很有意思。

玛格丽特的公众集会总是人很多。由于人很多，在大会开始前20分钟就把会场的门关上。作为一个女人，人们对她表现出了基本的礼貌，她就抓住机会可以利用这个优势。

有一次，玛格丽特到选区的某地参加一个公众集会，发现在集会上讲话的前空军部长贝尔福勋爵受到某些提问者的非难，场面有些混乱，大家准备去请警察来帮忙了，她告诉组织者不要让警察来了。

不出所料，玛格丽特一登上讲坛开始讲话，台下的骚动开始减弱，基本恢复了秩序。

玛格丽特的候选活动受到了国内甚至国际媒体的关注。她这时只有24岁，是参加1950年竞选运动的最年轻的妇女候选人。这本身就是大家评论的话题。

有的报纸请她就妇女在政治中的作用写文章。她的照片刊登在《生活》杂志及《伦敦图片新闻》上。《伦敦图片新闻》是很多从政的大人物常读的报纸，她的照片也登在了西德的报纸上，他们称玛格丽特为"富有魅力的小姐"。

玛格丽特在竞选中杜撰了两个口号，不怎么含蓄，十分直截了当。一个是口号是："投右派的票，保住剩下的东西。"

另一个更有针对性："不要腐朽，赶走无能。"

这些口号，鲜明地体现了玛格丽特讲话从不大谈意识形态的一贯风格。

在1950年的选举中，保守党仍未取得胜利，但这个结果并不是事物的终结。在最初的兴奋过后，这种结果使有关的人们感到十分扫兴。

玛格丽特已经极其疲惫。她早就决定搬到伦敦去。于是，她在伦敦皮姆里科的圣乔治广场公寓租了一套不大的房子。玛格丽特学会了开车，并有了自己的第一辆车。

1951年10月，又一次大选开始了。这次，玛格丽特将工党议员诺曼·多兹的优势减少了1000张票。当得知保守党现在在议会拥有比工党多17个议席的优势时，她欣喜若狂。

在个人问题上，撒切尔夫人一直认为，只要婚姻是幸福的，居住环境又舒适，作为一个已婚年轻女人

▲撒切尔夫人和她的双胞胎孩子

总是一件快乐的事情。撒切尔夫人的家里时常举办聚会，也参加别人的晚会，生活得很快乐。

1953年6月，伊丽莎白女王登基了。撒切尔夫人和丈夫都是君主制的衷心支持者，他们目睹了这一盛典。这年8月，撒切尔夫人的双胞胎儿女马克和卡罗尔降临人间。

妈妈对孩子的爱可能是最强烈、最本能的感情。在当时，很多人把做一个妈妈或做一个家庭主妇看做是两件重要的事情，但是撒切尔夫人却不是这样的人。她认为，做一个妈妈及家庭主妇是某种高尚的天职，但不是唯一的天职。

妇女应该拥有自己的事业。她经常引用泰恩茅斯的议员艾琳·沃德说过的一句话，"家庭必须是一个人生活的中心，但是一个人的抱负不应局限在家的范围内。"

她确实需要有个事业，因为很简单，撒切尔夫人就是那样一种人。而且她希望她的事业是一种能使她保持思维敏捷，并能为她的政治前途做准备的事业，她相信自己完全适于从政。

撒切尔夫人既要做一个妈妈，又要做一个有专业的职业妇女。为此，她得安排好时间。当时她和丈夫生活在伦敦，丈夫在伦敦地区工作，议会也在伦敦。

很明显，她必须找一个在伦敦的或伦敦附近的选区。正是综合以上这些不太寻常的情况，撒切尔夫人才决定孩子虽小，但仍可考虑当议员。

有了双胞胎后不久，有一天，约翰·黑尔从中央总部给撒切尔夫人写来了信：

　　我很高兴获悉你生了双胞胎。你太聪明了。这将对你作为一名候选人产生什么影响？我已高兴地把你的名字列入候选人名单，如果你不希望我这样做，请告诉我。

撒切尔夫人回信表示感谢并写道：

　　我出乎意料地生了一对双胞胎，此前我们从未想到会有两个孩子。我想我最好至少在六个月内不考虑当候选人。家里需要很好地重新组织一下，还需要找一个可靠的保姆，然后我才能放心地去做别的事。

　　因此，我的名字，像约翰·黑尔所说，"暂时冷藏起来"。什么时候再列入候选人名单由我来作出决定。

撒切尔夫人自己划定的六个月的政治过渡期很快过去了。她也已经通过了律师最后考试。在律师事务所的学习、观察、讨论及最终从事法律工作，对她的政治观产生了巨大的影响。

熟悉法律使她更加深刻地理解"法治"的意义。事实上，

"法治"是保守党人挂在嘴边上的一个词。

如果政治已融入一个人的血液，任何事情都像是又把这个人带回到政治去。撒切尔夫人的脑海中最重要的还是政治问题。

因此，当1954年12月她听到奥尔平顿选区有候选人空缺时，马上给中央总部打电话，要求将她列入候选人名单，因为奥尔平顿与她的旧选区达福特德为邻，离伦敦也不远。撒切尔夫人参加了面试，并进入缩小的候选人名单。

在动荡不安的法律事务生涯中，玛格丽特一直牢记她取得律师资格的初衷是为一个合格的国会议员做准备。律师职业是她达到目的的又一个手段，并且她对同事不隐瞒她最喜欢的职业是政治。

她很快加入了保守党律师协会，在那里她比谁干得都好，因而她进入执行委员会，并且是有史以来的第一位女性，任期从1955年至1957年。她在新广场五号的办公室里花了许多时间以谋取国会议员的席位，但是令人沮丧的是所有这些努力都毫无成效。

1954年11月，北肯特郡的另一个选区奥尔平顿举行了一次补缺选举，已进入筛选后的候选人名单的玛格丽特却未能入选。两年后她又连遭同样命运，首先是在贝克纳姆，接着在埃许福特，然后是在梅德斯顿；此外还有几个选区，其中有汉普斯坦德，她连筛选后的名单都未进入。

当时有条不成文的规定：保守党协会挑选他们的候选人时，有一个很苛刻的条件，即候选人是否准备迁居那一个选区。由于无法确定玛格丽特将会成为哪个选区的候选人，因此，丹尼斯和玛格丽特一直没有买房子。但是情况有变，使得他们无法再拖延了，保守党政府为了促进乡村私房业的发展，要停止使用限制城市房价的政策。

考虑到他们居住的天鹅宫楼的房价将要大幅上涨，撒切尔夫妇考虑买房子。他们于是在肯特郡方本劳夫附近买了一处住宅。几个月后，玛格丽特成为芬奇利选区的国会议员候选人。

值得庆幸的是玛格丽特和丹尼斯买下的那处住宅离方本劳夫还有一段距离。芬奇利的财政预算委员会要选举委员会遵守两条规定：候选人不得大于四十岁；他们必须住在以选区为中心的四十英里以内。他们的住宅正好在这范围内。

这是一处孤零零的住宅，有四间卧室，四周的园子几乎有一公顷，一头给堵死了。撒切尔夫妇买下这处住宅是因为到当地的医院很方便。公路的尽头是树林和湖泊，冬天湖泊会结冰，湖的对面是开阔的田野。

邻居们都是工薪人员，每天去布罗姆雷车站搭乘火车去伦敦上班，他们的妻子在家里照看孩子，驾车送孩子上学，然后操持家务。50年代的中产阶级妇女都是如此。

玛格丽特每天自己驾车去林肯事务所，这在当时很惹人注

目，但很少有人认识她。相反，两个孩子马克和卡罗尔却融合于居住区的生活，他们不在家里玩，而是成天在外面转悠，一旦在吃茶点或上床时其中一个不见了，另一个便要骑车去找。

在家里由保姆帮忙煮茶点。原来的那位保姆随撒切尔一家搬出天鹅宫楼来到新的居住地多莫斯后，和一个园林工结为夫妇，于是辞职不干了。新来的保姆是个独身老太太，名叫爱贝，她既照看孩子也管家。撒切尔一家很喜欢爱贝，六年来她始终和他们在一起，成了他们家庭生活的一员。

后来马克和卡罗尔进了寄宿学校她才离去，但是以后许多年，孩子们一放假她仍旧回来料理家务。爱贝把马克和卡罗尔当做自己的孩子，他们也非常喜欢她，她为人稳重，生活平淡，没有什么奢望，而丹尼斯和玛格丽特倒觉得与她无话可说。

即使和自己的孩子们在一起，玛格丽特也不太十分善于表露自己的感情。她父亲曾说过："玛格丽特什么都好，就是不够热情"。她和孩子在一起时总是一本正经，近乎于维多利亚时代的做法。对孩子没有昵称，她总是称呼他们"亲爱的"，而不是"宝宝、乖乖"。她也从来没和他们在一起玩耍过或去泥泞的树林散步。

丹尼斯同样一本正经，并且非常坦率。他坚持孩子们的举止要合乎规范，从不让孩子养小动物，也不许他们趿拖鞋，房间要干净，并且要井然有序。他只玩一种游戏，即在房屋的后园架起板球网，教马克击球。

丹尼斯一生最喜欢的要数橄榄球了，他从前曾经是第一流的裁判，虽然未曾参加过国际比赛。在他刚结婚的那一段时间里，凡是一到橄榄球赛季，他几乎每星期六下午都去当裁判。不幸的是，在1956年的一次比赛中，由于队员失手，橄榄球砸伤了他的脊背，他就此停止了裁判的生涯。后来他发现玩高尔夫球十分有趣，既不影响背上的伤，也不会伤身体，从此他迷上了这项运动。

与他相比，玛格丽特从没有诸如此类的爱好，除了在学校期间玩过曲棍球，她不曾参加任何运动。她生来就是工作，每天睡眠也很少；连她当律师的时候孩子们都很少能见到她，后来在她成了芬奇利国会议员候选人后，他们就更难见到她了。

这一次玛格丽特又竭尽全力投入她的选区，一到周末，她便驾着那辆蓝色的福特牌旧车到选区去讲演，参加社交集会和义卖募捐，有时还走访老人家庭和学校，一直忙到晚上9点才归家。因此她给选区的居民留下了深刻的印象。

选区保守党协会的13个分会都想利用某些集会把玛格丽特介绍给自己分会的成员，有一个分会主席决定入会费用应该免去，玛格丽特发现他准备用抽彩售货的方法来支付那笔费用，便说：“我有个好主意。”说着从酒柜上拿起一瓶苏格兰威士忌，“我来个竞价拍卖”。那天晚上大家要离去时，她开始拍卖那瓶酒。

她和他们只认识了几小时，而从前也未见过面，她竟能叫出他们的名字，这令大家又吃惊又兴奋。她喊到哪一位，哪一位便出价，没有叫错一个。那瓶酒从一先令六便士开始出价，最后有一人叫出十镑才击锤卖出。

芬奇利向来被认为是一个稳操胜券的选区，但是玛格丽特还是像在达德福特竞选时那样全力以赴地进行竞选，不敢掉以轻心。1959年10月8日，竞选在她生日前五天揭晓，她的票数比前一任国会议员多将近3500票，玛格丽特终于当选为国会议员。

那时两个孩子才六岁，对玛格丽特的竞选帮不了任何忙，他们只记得有一次他们跑出屋子，看到妈妈的车子停在屋外，车子上面都是蓝色缎带和五彩纸屑，他们感觉出了令人激动的气氛。以后他们还是很少参与妈妈的政治活动，从不上街游说拉选票。

在玛格丽特当选国会议员那一年的圣诞节前夕，她带着卡罗尔去参加选区圣诞节大拍卖开幕式，她走上讲台说道："我上台前，我女儿对我说，妈咪，你不会讲个没完吧？"这句话博得了众人的鼓掌。

国会10月20日复会，玛格丽特前往下议院。摄影师云集在那儿，想抢下新当选议员的镜头。新当选的还有杰里米·索普，克里斯托夫·切特威和杰夫里·史密斯。他们两位都是电视屏幕上的知名人物。以及朱迪思·哈特。

第二天的晨报上刊登了他们的照片。在大选中保守党获胜，蝉联下一届政府，哈罗德·麦克米伦当选首相。在英国政治舞台上，他是位受人欢迎和尊敬的人物，玛格丽特当时也十分敬慕他。在1959年的大选中，他使保守党在下议院的多数席位由58个增加到100个，他驾着经济腾飞之舟，高呼着"你从来没有这么好过"，漫画家们称颂他为"超人麦克"。

带着满怀自信，玛格丽特来到下议院，非常急于开始工作。她通过威斯敏斯特宫介绍所的高级秘书为自己物色了一位秘书，名叫帕迪·史密斯。玛格丽特第一次看见她是在圣史坦冯入口处。帕迪已经为另一位国会议员工作，她想再增加一个是为了多得一点收入。

帕迪比玛格丽特大三岁，她以为要领着这位新议员四处转转，告诉她内部情况和规则，然而这些事根本不用她做。撒切尔夫人一开始就知道该上哪儿，该做什么，她唯一关心的是工作。

那时下议院里办公条件很差，普通议员没有自己的办公室。女议员有一间给她们放妇女用品的专用房间，但她们的办公地方就是她们秘书的办公桌，而秘书往往是六个或更多的人挤在一间屋。

当时也没有个人专用电话，电话间都集中在屋子的一头。电话一来，管理员会叫听电话人的名字。结果是每个人都对别人的事一清二楚，那些秘书们免不了要背后互相议论她们的议员。

然而她们惊讶于新从芬奇利来的议员的干劲和魄力。她不像

其他许多议员那样装模作样，追求享乐，干起事来慢悠悠。而玛格丽特做事一贯认真、热切且全力以赴。她工作努力彻底，并要求共事的人和她一样工作。尽管她严以律己，但对别人却相当公正，更重要的是：她非常尊重别人的劳动。因此和她一起工作几年的秘书都对她忠心耿耿。

玛格丽特·撒切尔夫人常常被说成是一个吉星高照的政治家，她似乎也的确运气不错。但正如常言道："机遇只找有准备的人"，可是有一次机遇来临时她却没有准备。那是她进入下院才几周里发生的事。

按惯例每届新入选的下院议员可以申请提出一项议私案，但要以抽签决定先后。可是以前从没有一下子抽中的先例，于是议员把自己的名字放入箱里了事，就不再关心具体该提什么议案。

玛格丽特也是如此。出乎意料的是，她抽到第二个发言，但是她已没有时间来考虑发言题目，收集论据和做必要的研究，提出敏感的议案并来一段精彩的演讲。最终玛格丽特还是确定了一个议案，即让新闻界人士获准参加地方议会会议。

当时让新闻界人士参加地方议会只是一种照顾，而不是正当的权利。这个题目选得非常精明，它可以吸引众多的新闻界人士，而玛格丽特从来不低估宣传的价值。

她的允许新闻界人士参加会议的议案是公共团体议案，该议案也就成了她在下院的第一次讲演的题目。讲演放在周五的下午，按以往惯例。下院议员的议案通常是在下院相当空闲的情况下通过的，那时大多数议员都早早离开度周末去了。

但是这一次由于玛格丽特的议案引起了议员们的兴趣，会议的出席率相当高。玛格丽特站起身来，一反以往的议员初次演讲风格，没有客套一番；什么代表芬奇利讲话感到荣幸之至等，而是开门见山，紧扣主题进行阐述。

她讲了27分钟，没有看一下提纲。与会者都一致叫好，"是前座议员的水平"，"我们多数人会妒忌她流利的讲演"，"这个首次讲演在1959年这一届的新当选的议员中可推榜首了"。但是对于玛格丽特演讲的内容，人们却有不同看法，经过许多反复和委员会的审议，修改了原来的议案。新的公共团体议案内容是：不仅新闻界人士，还有公众都有权利参加议会的会议。

对于玛格丽特，这依然是一个胜利，至少她已引起了舰队街的注意。比起男政治家来，舰队街一直非常倾向于女政治家。玛格丽特的相片以及她生活中有趣的材料出现在报纸上。妇女版面上也有关于她的采访录。

玛格丽特从前一向喜欢抛头露面，在她早期政治活动中，她十分热衷于把达德福特地方报纸和伦敦晚报上关于她的报道全剪下来并保存好。一次她把这些资料铺了一地板让一个朋友看。

但她进入国会后，这种兴趣便消失了，她没有向下院剪报服务机构申请。该机构只收取一点手续费便可向国会议员提供所有

报纸杂志有关他们的报导和照片。她只满足于保留几篇特别喜欢的文章，而把收集她能找到的报刊上所有关于她的文章的爱好留给她为女儿骄傲的父亲。

罗伯茨夫妇很少去多莫斯玛格丽特的新居，玛格丽特同样也不大去格兰瑟姆，但他们之间经常保持联系。这期间她变得有点不近情理和傲慢起来，使得格兰瑟姆的乡亲们对她产生了隔阂。她发觉那座小镇以及和父亲在一起是那么的枯燥乏味，并且表示去那儿简直是一种负担。

如果在街上她遇见中学的老同学牵着两个孩子就会说："我简直不知道你是怎么过的，我有一个保姆。"当然他们极其想要个保姆，但是雇不起。她对格兰瑟姆产生好感还是在她经过奋斗从卑微的出身到在政治上崭露头角以后的事。而在这之前格兰瑟姆一度是个令人厌烦的乡村小镇，那里的人们枯燥无味。她还是情愿回伦敦，那里才俊云集，生活也缤纷多彩。

1955年4月，丘吉尔辞去首相职务，由安东尼·艾登接替。接着，很快发生了一连串事件。1956年7月至11月的苏伊士运河危机是一个严重的政治性挫折。

英国在苏伊士运河事件上大丢面子后，安东尼·艾登不能继续担任首相了。他在这场危机中患病，1957年1月辞职。撒切尔夫人所处的圈子里很多人都在猜测谁会继任首相，人们似乎在期待着保守党领袖是应运而生。

早在1955年5月的大选活动中，撒切尔夫人到一些选区发表演讲，这对她来说基本上是枯燥无味的事。但是一旦当过候选人，其他的事情均对她再没有吸引力了。苏伊士运河事件后，她重新加入到选举的角逐之中。

　　撒切尔夫人一直相信自己会在政治上有所作为。她知道自己从政之路上遇到的很多人都很希望她进入议会。另外，最重要的是丹尼斯对此没有任何怀疑。丹尼斯总是安慰她、支持她。

　　1958年4月，撒切尔夫人在中央总部与唐纳德·凯伯里进行了一次长谈。她直言不讳地谈到她作为一个妇女遇到的来自选拔委员会的困难。

　　唐纳德·凯伯里说，在这种极其敏感的场合，应该穿得潇洒，但不应太华丽。7月，撒切尔夫人报名参加伦敦北部芬奇莱选区议员的参选。芬奇莱是保守党有把握获胜的选区。

　　撒切尔夫人对芬奇莱不是特别熟悉，因此，她像其他的跃跃欲试想成为候选人的人一样，开始去了解应该知道的一切。她下决心要做到比任何人更了解芬奇莱。

　　像全国一样，解除房租控制的问题在芬奇莱是有争议的。移民问题也刚刚开始成为政治上的热点后，就引发了首次诺丁山骚乱。在芬奇莱，经济状况及哪个党将更有可能继续提高生活水平、改善服务，肯定会是人们首先关心的问题。对以上所有问题，撒切尔夫人都有自己的明确的看法，她知道她该说什么。

撒切尔夫人在各方面做了她能做的最充分的准备。她自信地认为她了解这个选区，确信能够对付即使很深奥的经济和外交政策的问题，因为她已经认真详细地读过所能搞到的所有报纸和有关资料。她认真熟悉讲稿直到能一字不错地背出来，她已经纯熟地掌握了不拿讲稿讲话的技术。

同样重要的是，撒切尔夫人应具有最佳的心理状态，即自信但不自负。她决定遵照唐纳德的指导，穿黑色外衣，戴上了幸运珍珠，也别上了达福特德的保守党朋友们送给她的胸针。

7月14日的那个炎热的夜晚，当撒切尔夫人进入已经挤满了人的会议室，在协会主席身边就座的时候，她竟然感到很孤独。但只要她站起来讲话，一切紧张感都荡然无存。

像往常一样，撒切尔夫人很快集中精力介绍自己的主要观点，而不再担心别人会怎么想。演讲过后坐下时，场上爆发出的掌声似乎是热烈和真诚的。

在第一轮投票中，撒切尔夫人获35张票，与她最接近的对手获34张票。另外两个候选人退出第二轮投票。在这一轮中，撒切尔夫人和对手分别获46和43张票。

一般来讲，下一步应该是为了做做样子，或者表示没有任何恶意，执行理事会应一致投票选她为候选人。但反对她做候选人的一部分人就是不愿意这样做，这就意味着她要把那些未掩饰不满的人争取过来。撒切尔夫人首先向在格兰舍姆的家人报告这个好消息。

8月上旬，正式通过撒切尔夫人为候选人的会议是她在整个芬奇莱选区协会全体人员面前表现自我的第一次机会。这次，撒切尔夫人又穿了一套纯黑色外套，戴一顶黑色帽子。选区主席为她做的介绍极尽赞誉之词，几乎让人尴尬。

撒切尔夫人当上芬奇莱候选人的时候，芬奇莱的自由党人已经十分投入地开展竞选工作了，这引起很多保守党人的担忧。自由党总是善于组织竞选活动，他们在地方政府选举中的工作更是有力。

几年前在芬奇莱，因为不允许犹太人进入当地的高尔夫俱乐部出了一件丑闻。有几位保守党人卷入了这件丑闻。自由党就抓住一切机会向人们提起此事。

撒切尔夫人自己从来没有反犹太主义的想法，她为保守党因这一丑闻而名誉受损感到不安。同时，她也想到由于发生了这件事，保守党未能争取可能的支持者，因此她一开始就清楚地表明欢迎新党员，特别是犹太人加入基层组织。

撒切尔夫人确信，只有把精力充沛的年轻人吸引过来，我们才能有把握对付十分活跃的自由党的挑战。

1959年5月份的地方选举中，保守党取得重大胜利成果。撒切尔夫人正在做最后的准备。10月，撒切尔夫人在芬奇莱参加的第一个投票日开始了。

她访问每一个投票站及委员会办公室，获取些最新的逸闻趣事，然后去观看计票现况。

一天凌晨，有人通知撒切尔夫人马上要宣布芬奇莱的选举结果，要求她与其他候选人一起同选票报告员到台上就座。当她站在丹尼斯身边时，她表情严肃，尽量不让人看出自己的内心感觉。最后他们听到："玛格丽特·希尔达·撒切尔：29697票。"

撒切尔夫人大获全胜！

撒切尔夫人发表简短致辞，接受选举结果，感谢所有出色的支持者。丹尼斯热烈地拥抱了自己的妻子。撒切尔夫人走下了台子。此刻，她已是芬奇莱的当选议员了。

然而，在撒切尔夫人看来，通向议会的路是很长的。她知道，现在只是第一步。

出任内阁教育和科学大臣

　　成功当选国会议员后，玛格丽特日常工作排得满满的，有时去下院前还得送孩子上学。因为保姆惟一不会做的事就是开车。好在有好几家邻居的孩子在巴士顿学校念书，撒切尔夫妇的孩子也在这所私立学校上学，因此他们几家排了个轮流送孩子上学的日程表。送完孩子后玛格丽特就直奔下院，一般都在10点钟到达那儿，常常是晚上10点或者更晚一些才能回家。

　　上午她去委员会，与选民们会谈，处理文件，口述回信及写讲演稿，讲演稿是应邀为其它选区的选民们讲演之用。中午她常去餐厅或者议员食堂吃午饭，无论她去哪儿，她吃饭的速度都令人吃惊，无人能与她相比。下午，除了出席首相出面回答议员提问的会议外，她通常去律师事务所。

　　如果轮到她去学校接孩子们时，就常常请秘书代劳。为了挤点时间，她通常在做头发时记日记，此时，秘书也得跟着去。玛

格丽特坐在烘干器下向秘书口述日记。不久，广播电台邀请她参加第四套《回答》节目。另外，一个月里她还得抽出一个周五晚上去芬奇莱处理选区的事务，选民们也可以个别和她见面讨论他们所遇到的问题。

玛格丽特工作之繁忙一般人难以想象，她很少能见到放学回家来的孩子，她回家时十有九次孩子们已入睡。但是她每天晚上6点钟打电话回家向孩子们道晚安，一天也不间断。因此俩孩子都没有感到生活中缺少点什么。

爱贝精心照料他们，在许多方面都已替代了他们的母亲。她操持全部家务，成了他们生活中不可缺少的人。而妈妈对于他们却很不清晰，在他们的印象中她是个律师或者是个国会议员，每天外出工作，周末有时也不回家，总是忙得不亦乐乎。

玛格丽特的女儿卡罗尔还记得她曾到小朋友家去玩，房间里有一股家具油漆味，她坐在一张放着自制巧克力蛋糕的桌旁。小朋友不怎么喜欢她去玩，因为她问出这样的问题："你的妈妈不出去干活，老呆在家里

◀撒切尔夫人任教育大臣时和孩子们在一起

究竟做些什么？"可是玛格丽特的孩子能见到自己父母的机会太少了，如果能多一点时间在一起该多好。

下院秘书办公室里有一种相同的看法：撒切尔先生不要多长时间就会去追求其他女人。然而，玛格丽特和丹尼斯从他们结合的第一天起就清楚他们生活的侧重点是什么，清楚应该把各自的事业放在首位，他们俩都坚信家庭的组成应是精神上的结合，而不仅仅是肉体的结合。

如果家里发生了什么事，必须要他们到场，他们会立即回家，其它就没有什么更重要的了。由于爱贝理家有方，由于她为人可靠，所以把他们一家的生活打理的井井有条。玛格丽特从小就给孩子们灌输她的生活哲学：生活不是在家里。家只是一个落脚点，不管是工作也好，或是其他活动，你可以到外面去做。

玛格丽特的女儿卡罗尔童年时曾到一个同学家去玩，同学家的房子很漂亮，有游泳池和网球场，相比之下卡罗尔有时感到自己家不免有点寂凉，自己家里缺少个中心人物。她去玛格丽特的姐姐穆里尔家玩，也会有同样的感觉。

穆里尔有三个孩子住在艾塞克斯的一个农场里。他们的生活忙碌，三餐全家都在农舍的厨房里吃，他们也在那里玩耍，笑声不绝。而在撒切尔家里，全家很少聚在一起吃饭。晚上，玛格丽特要么去下院工作到很晚，要么去出席什么会议；而丹尼斯或者去公司做事，并且在俱乐部里吃饭，或者和玩高尔夫球的搭档一

起吃饭。

对于玛格丽特的政治抱负丹尼斯一直积极支持，虽然他自己不想参与政治。如果需要的话，他也会去集会上露面，但是他还是喜欢自得其乐。他有自己的兴趣爱好，和玛格丽特大不相同。他会抽烟，她不会而且不能容忍周围的人吸烟。他的酒量比她大得多，为此他常常受到责备。他热衷于体育运动，而她却对之毫无兴趣。有时他激怒时，会骂几句难听的粗话，可是她却至今还不能习惯丹尼斯讲的粗话。

然而他们的哲学观点一致，虽然他们未曾有过一段放纵的罗曼史，但是他们的婚姻却相当圆满。

1959年10月20日，撒切尔夫人作为国会议员，第一次严肃地走进了威斯敏斯特宫。

当议员最重要的就是要发表演说，参加辩论，提出自己的动议。发言和提出动议案，往往是连着的两个步骤，这对于扩大自己的名声是必不可少的。

撒切尔夫人选定了"公共团体允许新闻记者参加会议的议案"，建议执行一直没有实施的1908年法令，让新闻记者能够参加一些公务团体的会议。

这项动议比起那些重要的政治经济问题也许显得平淡了些，但是，它肯定会受到新闻界的欢迎。1960年1月下旬表决时，议案获得了152票的多数，反对票只有39票。

第一炮打响了。

撒切尔夫人以议员身份在各种场合露面，就各种问题发表意见。她在下院说，年轻人犯罪的现象很普遍，有的青少年只是为了暴力而玩弄暴力，以报复他人为乐趣。

她主张对这些罪犯施以严刑。她还忙于应付各报刊的记者，对小到怎样过圣诞节，大到原子武器问题发表意见。她向妇女讲提高女权问题，为募集救济盲人基金向社会发出呼吁，就某个地区学龄前儿童的福利问题陈述意见，为少年时装展览会揭幕式剪彩，同其他议员一起走遍全国，宣讲她的主张。

电视屏幕上时常出现撒切尔夫人的形象，广播节目里时常播出她的声音，报纸经常刊登她的照片。在英国这样的社会里，要成为人人都知道的人，这些过程是必经之路。

1961年10月，哈罗德·麦克米伦改组内阁，选中了撒切尔夫人入阁接替帕特里夏·霍恩斯比·史密斯夫人，出任"生活津贴和国民保险部"的政务次官，相当于副部长。

在下院的两年里，玛格丽特卷入了好几个有争论的问题中，其中包括要求恢复体罚的刑法议案，正为了这个，她被称作"反动分子"。她向下院常设委员会非常明确地讲过政府应承担起防止公众受到侵害的责任，公众最关心的是犯罪率上升的问题。近来出现一种新型的犯罪分子，"他们不是出于其他动机而犯罪，而只是为暴力而暴力，以虐待他人为乐趣"。对于这种犯罪分子

只有给他们一个选择：要么进监狱，要么受鞭挞。

1961年春天，她又反对财政大臣赛尔文·劳埃德预算。她赞同他的缩减和附加税政策，"因为这样做有利于已婚妇女教师再出来工作"。但是她尖锐地指出英国中产阶级家庭主妇出去工作要交纳的所得税仍旧过高，比欧洲其他国家地位相同的妇女应交纳的税要高得多。她还反对对公司提高税收，因为这样会引起通货膨胀。她还拿出有关法律章节来论证国内税收的权限，指出不应对资本利润征税。

每当玛格丽特要进行演讲，她都进行充分的准备和研究，她常常去下院图书馆，一呆就是很长时间。她以努力工作来弥补自己缺乏的独创见解，如果没有准备好，她就不会动手做。

玛格丽特不仅工作勤奋，她对数字有非凡的理解力和记忆力。她可以从一大堆枯燥的文件中挑出有关的要点，并把它们记在脑子里。她把演讲的内容详细地写出来，随后常常把讲演稿改成一些小标题抄在随身带的小纸条上。但是她讲演一向不看这些小纸条，除了有时要援引一大串数字时才拿出来核对一下。

玛格丽特在数据运用上得心应手，顺手拈来，可以把反对党人士搞得晕头转向，他们根本就弄不清楚她所说的是否准确，没有人能站起来和她辩论。可是，尽管她讲演时信心十足，在演讲前她却非常紧张，并且至今仍然没有克服掉这一毛病。

当她的姐姐穆里尔来伦敦时，她们总是一起进午餐，只有一次她们未能在一起。那天她接到通知，要她去唐宁街10号。走进首相书房时玛格丽特心想大概要她提什么建议，或者要她在即将召开的国会开幕式上支持女王的讲话。可是她猜错了。她被任命为年金和国民保险部政务次官——她在下院工作才两年便担当了政府官员一职

这是撒切尔夫人第一次应邀入阁，从而开始了前座议员的政治生涯。这个职位，是很多在议会任职多年的男议员都望尘莫及和无缘获得的殊荣。

玛格丽特的年金和国民保险部政务次官的工作是与财政和福利打交道，她在那里干得很舒心。她于11月首次在电台年金问题的解答节目里露面，并于第二年的3月以次官身份第一次参加重大辩论。

工党对政府未能提高年金表示失望，玛格丽特就工党这一项指责的动议进行答辩。事先她在家做了大量工作，有吸烟者和没有吸烟者家庭的生活开支、年金支出总额、附加税的增加总额以及国外年金支出的比较数值。她在辩论会上挺直腰，把一连串的数据炸弹抛向目瞪口呆、毫无反应的与会者。

政府部门里的政务次官所做的工作十分辛苦，却没有什么可以炫耀的。他们和文官们挤在本部门的办公室里，离开了下院多姿多彩的生活。玛格丽特在三位大臣领导下进行工作，他们是鲍埃德·卡平特、尼尔·麦克弗逊和理查德·伍德。在担任这一职

务的三年期间，她最大的收获是了解到文官们怎样应付他们的上司，她注意到他们因人而异拼凑出符合上司胃口的建议。从此她就不再信任文官。

议员与政府成员不一样，前者发表意见的主动权要大得多，可以随意说三道四。而政府高级官员则必须在议会作证，接受议员们特别是反对党议员们的质询和责难，并对各式各样的问题作出切中要害、无懈可击的回答或答辩。

这也是她在政府中担任的第一个职务，除了负责部里的日常工作，协助大臣制定有关政策外，她还充分发挥了记忆力好、善于辩论的特长。

在下院的一次辩论中，撒切尔夫人为了说明政府在这方面所做的努力，她口若悬河、滔滔不绝地列举了英国历届政府在1946年、1951年、1959年、1962年年金的价值，年金的支出总额以及瑞典、丹麦、西德等国的年金水平，背诵了一长串统计数字，一口气讲了40分钟，使在场的议员特别是反对党议员听得目瞪口呆。

1962年7月16日，撒切尔夫人再次挥戈上阵，又一连回答了关于年金和国民保险等19个问题。

这两次出色的答辩表明，撒切尔夫人是一个当之无愧的政府高级官员，表明她完全称职，能充分胜任自己的工作，也是她对政府行使高效管理的良好开端。

撒切尔夫人出任"生活津贴和国民保险部"的政务次官时，正是英国政坛日趋动荡的年代。三年前保守党以超出工党100个议席而赢得了连续执政的机会，麦克米伦首相也以力挽狂澜，推动英国经济繁荣而被誉为"超人麦克"。

但是到了1962年，这位首相在英国民众中的威望已一落千丈，麦克米伦政府的处境很是不妙：国家收支严重失衡，政府超支无法控制，通货膨胀有增无减，经济出现衰退，失业大军人数急剧扩大，而外交政策又频频遇挫。

在这之后的两年中，英国政治动荡不定、困难重重。政府庞大的开支使"超人麦克"哈罗德·麦克米伦吃尽了苦头。他拒绝财政大臣彼得·索尼克劳夫德的关于政府开支的建议，为此彼得辞去了职务。曾一度繁荣兴旺的英国，如今正经历着挫折：经济开始衰退，失业人数大增。

1960年，受到79%的全国大众拥护的首相，现在却成了自1938年张伯伦在慕尼黑协议中姑息希特勒而遭到全国人民反对以来最不受欢迎的首相。麦克米伦为了恢复自己的形象，他对要求增加政府开支的党内人士让了步。但为了要使内阁成员接受这一议案，他对内阁动了大手术，这就是有名的"七月悲剧"。

麦克米伦进而又向1955年成立的欧洲经济共同体伸出了手，这是英国首次要求加入共同体。反对党领袖休·盖茨凯尔激烈反对这项提案，他在1962年10月工党年会上宣称这一举动违背了大

不列颠上千年的历史——这句话为内政大臣R·A·布特勒提供了口实，他在下一星期举行的保守党年会上说："对他们而言是上千年的历史书籍，对我们而言这意味着未来。"

这是一段精彩的演讲。政府也支持这次大会。但是1963年初，法国总统戴高乐投票反对英国加入共同市场。给了麦克米伦及他的政府以决定性的打击。

布莱克·朗斯代尔和凡尔赛的丑闻使保守党处于更窘迫被动，接着是布劳弗斯。1963年夏初，陆军部长约翰·布劳弗斯被指控与妓女克里斯汀·基勒有染，而基勒和苏联大使馆关系微妙。布劳弗斯在下院公开否认此事，首先麦克米伦正式接受他的否认词。几天后，约翰·布劳弗斯却承认他欺骗了下院，并引咎辞职。

舆论哗然，政治党派和宗教团体纷纷群起而攻之，国会保守党后座议员发起驱赶麦克米伦的运动。直到10月在布莱克浦举行的保守党年会前夕，麦克米伦得了重病，辞去了党的领袖职务，风波才平息。

保守党年会陷于混乱，有好多人想出来争当保守党的领袖，其中最有希望的是内政大臣布特勒，财政大臣雷吉纳德·莫德林，还有议会主席海尔斯汉姆，他声称打算取消自己的爵位，把它还给奎汀·豪格。还有一位竞争人受到许多代表的拥护，但在政府里他的支持者并不太多，他就是外交大臣霍姆勋爵。

尽管玛格丽特支持布特勒，但是麦克米伦认为他既没有承担这一职务的坚忍不拔的毅力，也没获得党内的多数支持。而他的看法起着举足轻重的作用。当时选择保守党领袖的做法没有半点民主可言，以"突击法"而著名。现任领袖在内阁里摸底，看看内阁成员里哪一位最有可能成为他的接替人，如果得到大多数支持，那一位便可当选。

　　布特勒在内阁里有一定的赞成票，本可以进行一番较量，也许有可能当选党的领袖。但是为了顾及党的团结统一，他退了下来并接受麦克米伦的选择。

　　1963年10月18日霍姆勋爵当选为保守党的领袖，并出任政府首相。他也放弃自己的头衔，接受亚历克·道格拉斯—霍姆的称号。这是依据三个月前通过的法规，为此工党的安东尼·威基伍德放弃勋爵头衔而重新成为平民。

　　担任首相执政未满一年，亚历克·道格拉斯—霍姆就决定举行大选。1963年1月工党领袖休·盖茨凯尔去世，新任领袖是哈罗德·威尔逊。威尔逊是一位高明的政治老手，他允诺将使英国摆脱保守党13年的统治所造成的困境，并使人民从科学和技术的发展，从民主政治中获益。在1964年10月的大选中，威尔逊在下院只以四票的多数击败霍姆当选为新的英国首相。

　　撒切尔夫人对政治的残酷性开始有了认识，从而在此后一步步地向上升的过程中锻炼了自己的坚强意志与心理承受能力。

1963年7月，在爱丁堡举行的一次午餐会上，撒切尔夫人向妇女工会会员发表了一篇著名演说：

> 没有一个人能使一个政党在一次选举中获胜。同样，也没有一件灾难能使一个伟大的政党在一次选举中失败。我们过分地突出了一两个人的作用，认为他们能使我们在选举中获胜或失败。
>
> 如果某一个人犯了罪，你们不必因此而沮丧。党是不会在选举中失败的，除非是它对自己失去了信心。

在这篇讲话中，撒切尔夫人不仅不遗余力地为捍卫保守党的威信而辩护，而且表明保守党在选举中可能败北，但它将会在另一次大选中卷土重来。

尽管撒切尔夫人能言善辩，毕竟挽回不了保守党政府的颓势，英国经济继续衰退。英国两党轮流执政的规律表明，英国选民已在酝酿在选举中"换马"了。

在这次大选中，撒切尔夫人在芬奇莱选区面临自由党人的严重挑战。由于她那超凡的体力和过人的记忆力，以及深入选民中间，以女性特有的耐心、关心和细腻帮助选民解决了不少的困难，从而以9000票当选，保住了她在议会中的席位。

1959年玛格丽特在芬奇利竞选中轻而易举地当选为国会议

员，但是她并未满足于此。竞选时，该地区发生了一些急待解决的问题。高尔夫球俱乐部遇到了一件麻烦事：一些申请加入俱乐部的犹太血统的人遭到拒绝。利用这件事，选区的自由党人大做文章，挑起芬奇利许多犹太人的不满，并推出一个名叫约翰·帕多的候选人，严重威胁玛格丽特的地位。

自由党在芬奇利已不是第一次引人注目了。早在1958年夏天，玛格丽特作为21位候选人中的一个来到选举委员会，当时保守党在市议会里正陷于困境之中，他们的席位接二连三地被自由党夺走。每一个候选人都被问到有什么办法来制止这种现象，当时惟有玛格丽特的演讲给人印象深刻。

她说："现在只有一个办法，那就是走出去在街头上同他们战斗，要做一名真正的保守党党员，你们最终会赢得胜利。"六年后，她确实把它付诸行动。

玛格丽特外出上街游说的劲头，是芬奇利保守党的工作人员很难相比的。在大街小巷，她往来穿梭，一头钻进选民的家里，坐一会儿抬脚便走；一会儿和这儿的工人交谈，一会儿又去拜访坐在轮椅上的病人；在小店门口停下来和店主谈论物价。

她外出游说一般由秘书黛安娜陪同。她们通常上小饭馆进午餐，与玛格丽特的代理人劳埃·兰斯顿及其他的委员会成员喝几杯啤酒，这些成员中有当时的协会主席帕特·布莱奇，后来担任主席的龙·包娄和约翰·蒂帕莱特以及大胡子维克·阿什。那时

她得和许多人握手，要去许多会上讲演，并要记住许多人的脸。

在政治上玛格丽特最宝贵的财富之一是她能记住许多人的面貌和名字。这是妇女特有的天赋，而玛格丽特在这方面特别突出。在她成为芬奇利的候选人后，在一次社交晚会上，她拍卖所表现出的才能不是偶然的。不但能记住许多人的脸和名字，玛格丽特还能记住谁有关节炎、谁家的屋子潮湿，或谁的女儿在南非。并且，这种才能不只是运用在她要得到选票的选民身上。她知道许多人名，或者某对夫妇的名字以及他们的细节小事。玛格丽特比以前所有的领袖人物都能更多地记住下院保守党党员的名字。

对于人们的饮食，玛格丽特非常关心，这是她作为一个妇女所具有的特点。无论谁上她的家去总是受到特别的招待。尽管没有什么奇妙的食品，她总是把一些巧克力或核桃夹心饼干放在食品柜里，以便随时可用。她对圈子外的朋友来访就更要他们吃些什么。

玛格丽特·撒切尔继承了父亲的这样一个基本信念：人们应该坚强地自立于世，从出生到去世都不应受溺爱和纵容。但是她真诚相信博爱，把她的钱花在她所关心的事上。例如，玛格丽特得知芬奇利有一个妇女患精神崩溃症，度日艰难，她不声不响地掏钱为那妇女买一包食品并给她寄去。

下院议员的日常工作都是限于选区之内的一些烦事，处理选民的住房、就学，家门前人行道状况等问题。选民们常写信要求他们的国会议员代表他们为触犯过法律的孩子、为找不到工作的丈夫说话。

玛格丽特处理过一个小伙子的案子，他想当一名邮递员，但却遭到拒绝，原因是他10岁时偷过一瓶牛奶，被记进警察局的档案。另一件案子比较严重，牵涉到一位选民，叫圭拉德·布鲁克，在苏联赫尔本法律语言商业学院任讲师。1965年初莫斯科克格勃指控他犯间谍罪而逮捕并监禁了他，苏联方面不许英国领事馆派人看望布鲁克，并拒绝提供他的详细情况。

玛格丽特出面帮助他，敦促外交部采取行动，并在下院里抗议苏联的所作所为，不多久布鲁克被释放了。这是一个典型的案件，为她赢得了荣誉和名望。玛格丽特·撒切尔夫人也很乐意干那些枯燥、日常的福利工作。有些选民虽然厌恶她从事政治并且从不投她票，也承认她是选区的一个相当不错的国会议员。

1965年，保守党领导人又有一次变动。亚历克·道格拉斯—霍姆爵士并没有愿望担任党的领袖，特别这时是工党政府的首脑哈罗德·威尔逊博得越来越多选民的支持，一些保守党国会议员大声嚷嚷亚历克的形象敌不过威尔逊，因此他正式引退。然而在此之前他采用新的选拔党的领袖制度，原来的制度是挑选而不是正式选举。

他发明的选举程序是用一个两层的投票箱，竞选人要在第一

轮中获胜，所得票数必须要比最接近他的人多15%，若没有人能得到足够的选票，就用第二个投票箱，候选人可以投入他们的名字。

有三人参加竞选1965年7月的选举，前劳工大臣、主管申请加入欧洲共同体的掌玺大臣爱德华·希思，前财政大臣莱吉纳德·摩德林以及担任过卫生大臣的爱诺奇·鲍威尔。玛格丽特投了希思一票，虽然他的票数没有超出另两位候选人票数的15%，但是摩德林和鲍威尔一致退出。因此没有进行第二次投票，特德·希思便成了保守党领袖。

特德·希思和玛格丽特一样毕业于普通的中学，这是保守党第一次起用平民出身的人担任党的领袖，因此受到报界关注。他也在牛津读过书，与玛格丽特不同的是他拿奖学金，他也担任过牛津大学保守党协会的主席。

特德·希思同样是个不合群的人，他才能超众，不管是航行还是指挥，是写作还是政治，他样样精通。但是他最大的弱点是不善于交际，不管是与私人或者是与公众都如此。这在他讲话时就更显而易见了，他的语调听起来拿腔作调，像含着一个臭李子。

希思与玛格丽特之间从未有过什么深交，但玛格丽特喜欢特德·希思，并且常常说他曾善待她。此后五年中，他请她担任过许多影子大臣职务，并提供机会让她了解许多部门的工作，以及了解它们各自的问题。玛格丽特于是得以积累起一般政治家要花十五年才能得到的经验。

她先担任一阵年金部次官，1965年10月开始在住房和土地部工作。1966年3月，又去主管财政，并担任部门经济事务的发言人。1967年10月她进入影子内阁，出任燃料动力部大臣，次年10月玛格丽特又成为影子内阁的教育大臣。

希思的当选，预示着注重等级和门第观念的英国传统社会的模式的瓦解，标志着保守党的一个新时代的到来。因为，此后继之而来的保守党领袖和英国首相撒切尔夫人和约翰·梅杰，都是平民出身。

在1964年至1970年工党政府执政期间，撒切尔夫人在影子内阁内接连调换了多项职务，她充当这么多问题的发言人，是其他人所没有的。

这样，她就有机会，也有可能深入了解两党在各个方面的争执点，积累了同工党打交道的众多经验，并在一系列基本问题上，逐渐形成了自己的鲜明观点和坚定的立场。

她在1968年保守党大会上的讲话，旗帜鲜明地表达了她的思想。这篇题为《政治弊端》的讲话，中心大意是要缩小政府作出决策的范围，有效地发挥个人权力，政府不应人为地控制物价，而是要促进市场的竞争机制，要调节货币供应，大力抑制通货膨胀。

撒切尔夫人在这篇讲话中阐述的思想，始终指导着她制定的各项政策，尤其是经济政策，其矛头所指，首先是工党的"集体主义"政纲，并在辩论中作出激烈的反响。

因此，大多工党政府提出的议案，都遭到撒切尔夫人的无情抨击，一时有"谩骂成了撒切尔夫人的本色"之说。

这时的希思也已认识到了这个女人对自己构成的威胁。他在私下与自己的心腹商讨提升撒切尔夫人时曾经说过："怀特洛认为她是最有能力的人，但他说她一旦出人头地，我们就休想对付得了她。"

1966年3月，执政不到两年的工党提前举行大选，目的很明显，是利用当时的有利时机，扩大工党在议会中的多数。哈罗德·威尔逊首相如愿以偿，工党在大选中领先的席位数由1964年的4个增加到了97个。

不过，撒切尔夫人却在自己的芬奇莱选区轻易获胜，第三次当选为下院议员。这主要是她在选区的辛勤工作的结果。当然，在全国政坛上崭露头角也帮了她的大忙。

1969年10月，希思提升撒切尔夫人为影子内阁的教育大臣，她随即义无反顾地反对工党政府废除文法学校，强制推行综合教育的做法。

撒切尔夫人在任上强烈主张，在保守党执政后将本着发展选拔性教育的精神，保留传统的文法学校，只在新建城镇中推行综合性学校。她说到做到，以毫不妥协的精神与工党政府的教育大臣肖特展开了激烈的论战。

1970年，工党政府的威尔逊首相趁国内经济形势稍有好转的有利时机，再次宣布举行大选。

这次大选的结果却大出两党人士的意外，希思领导的保守党竟以30个席位的领先多数获得了胜利。工党在执政六年之后又再次沦为了在野党。

保守党的胜利提高了希思的威望与权力，他当即宣布要"进行一场彻底变革"，"以改变我们这个民族的历史进程"。大选胜利后，原任影子内阁教育事务发言人的撒切尔夫人，被希思新首相任命为政府的教育大臣。这是撒切尔夫人头一次、也是仅有的一次担任政府大臣一职。

担任政府高级职务后，就从下院底层那间办公室搬入宽敞明亮且配有空调的教育部办公室，那里有专为大臣配备的大写字台，有一大批文官随时听候差遣，还可享用政府为她提供的配备有司机的大轿车，她就再也不需要自己驾着那辆旧车子奔波于议会和选区之间了。

可惜的是，玛格丽特的父亲艾尔弗雷德·罗伯兹却在她成为政府大臣的前几个月去世了。

同任何地方的官场一样，英国内阁中也存在着金字塔差别：首相之下是财政、外交、国防和内政等部门的大臣。教育大臣则

属于较低一级的阁员。

这时的撒切尔夫人已不满足于自己担任的角色，而希思首相出于防范其野心的膨胀和对女性的歧视，一直没有满足她的意愿。从政务次官到教育大臣，撒切尔夫人的确走过了一段"春风得意马蹄疾"的不平凡道路。

然而，任何阻力都不能挡住她的脚步。随着政治野心的膨胀，撒切尔夫人要在大不列颠男人主导的政坛上杀出一条血路来，向更高的层次冲刺。

调整旧的教育结构

1969年10月，撒切尔夫人担任了影子内阁教育事务发言人。她的前任是爱德华·博伊尔爵士。据说调任的原因是博伊尔对工党的关于废除文法学校的建议态度不够鲜明。

这是两党在教育问题上尖锐争论的问题。威尔逊执政的20世纪60年代后期，工党政府为了消除教育中明显的"阶级界限"，决定把文法学校和技术学校合并为综合性学校。认为这样可以使工人家庭的子女有较多的入学机会。

保守党认为，工党要把有特色的文法学校改成"大路货"的综合性学校，势必会降低教育质量，而且将进一步影响高等教育的水平，甚至可能影响社会风气，助长无政府主义。于是，一些教师和作家发表了"黑皮书"，愤怒地抨击工党政府教育大臣爱德华·肖特的建立综合学校、取消文法学校的方案。

撒切尔夫人是影子内阁的教育事务发言人，责无旁贷地参加

了斗争。

1969年10月22日，撒切尔夫人在一次讲话中表示，她要与在全国强行实施综合性教育的政府立法斗争到底，要保住那些在初等教育中起了重要作用的文法学校。

▲1970年撒切尔夫人参加保守党会议

撒切尔夫人说，保守党执政后将本着发展选拔性教育的精神，保留住传统的文法学校，而综合性学校只能在新建城镇中发展。

辩论是紧张的，撒切尔夫人紧紧盯住爱德华·肖特；攻击是猛烈的，她不给对手留一点喘息的机会。

但是从问题的实质上看，撒切尔夫人与她的前任博伊尔爵士并无大的原则分歧，差别只在于对工党政策进行批判的激烈和鲜明的程度。教育政策无论如何比不上经济政策那样关系到一个政府的立废问题，但是，在政党斗争中却同样需要不妥协的精神。

撒切尔夫人在影子内阁中的表现，证明她具备这种同工党周旋到底的品质，这正是她的前任所缺少的。

1970年，保守党政府接替了工党政府，爱德华·希思出任内阁首相。玛格丽特·撒切尔则从影子内阁教育事务发言人变为政府的教育大臣。

撒切尔夫人在影子内阁中，虽然不是主要的发言人，但是她的舌辩却引人注目。

前工党政府首相哈罗德·威尔逊说，她具有能言善辩的本领，"因为她能够看出对方论点的虚弱，能够看到自己论点的力量"。"她还学会了很少政治家学会、而我肯定从未学会的一种本事，那就是在事先布置好的场合发表非常简短有力的讲话，使人们了解其主要论点。她可以在半个小时内很容易地完成这一点，而一般人总要45分或50分钟才行。"

撒切尔夫人在1970年当选时提出的一套教育方针并不十分明确，这使得她与教育部文官们的麻烦更加复杂化。她曾在竞选运动中反复强调：把着重点转移到小学；扩大幼儿教育；在中等教育方面，地方教育当局有权决定什么样的学校最适合当地情况，将离校年龄提高至16岁；鼓励直接拨款学校，保留私立学校；扩大高等教育和继续教育；对教师培训问题进行调查。

但是竞选时提出的这些承诺并没有反映出明确的观点，保守党内不同成员和不同派别对总的教育方针特别是对中等教育和文法学校持有很不相同的看法，他们的论点牢固地建立在对现行教育制度的材料充分的批评上。

撒切尔夫人被夹在这两种互相对立的观点之间，因此重大政策要前后一致，决策要小心谨慎。她清楚地意识到，在与本部文官的斗争中，也许不能指望得到内阁同僚们的支持。

撒切尔夫人当时对教育结构的关注几乎到了着迷的程度，这是英国20世纪60年代和70年代的特点。并不是说教育结构不重要，但教育理论家们声称，有这样一种制度，它在任何情况下、对所有的学校来说都优于其他制度。

他们甚至想在学校里废除把学生按能力分组的做法。她试图让女王陛下学校督察员办公室相信，不管他们的理论表明什么意思，他们至少应该承认文法学校里有大批优秀教员做着第一流的工作，女王陛下学校督察员办公室的很多报告的口气抹杀了他们最优秀的东西。

撒切尔夫人据理力争，除从财政部为教育部争取到了大批经费外，还经常在内阁会议上对教育部门以外的事务陈述己见，有时甚至用事实和数据来论证自己的观点。

这种"越位"表现和咄咄逼人的架势，常常使那些对情况了解不多的主管大臣哑口无言，甚至使希思首相尴尬异常。因此，她便丧失了人缘，首相和其他男性阁员都不欢迎她，甚至冷落她、讥讽她。撒切尔夫人在内阁中受到孤立的同时，与她主管的教育部下属官员的关系也弄得十分紧张。

以废除前工党政府在全国推行综合教育的有关"通告"，下决心加强初等教育，主张缩小班级规模、扩大师资比例、改建初级学校陈旧校舍等，来展示个人的雄图大略。但是，这一举动却激怒了赞同工党计划的全国教师联合会，而且遭到新闻界和地方政府的批评。

"牛奶"事件的宝贵教训

撒切尔夫人在主管教育的3年多时间内，不仅同前工党政府教育大臣肖特换了个儿，而且成为众矢之的，不仅工党攻击她，不同意她的政策的教师、学生、家长们也围攻她。

其实被围攻也不一定是坏事，因为至少撒切尔夫人由此而成为家喻户晓、"知名度"比较高的一位内阁大臣。

撒切尔夫人在当教育大臣的任期中主要做了两件大事：

一是提高教育质量。她出任教育大臣后的第一件事，就是发出"通知"，废除前工党政府关于在全国施行综合性教育制度的"通知"。

撒切尔夫人认为，英国传统教育的文法学校和工艺学校才是培养基础较好的人才的地方，把它们并为综合性学校，势必降低教育水准。

她主张增加这方面的教育经费，大力减少综合性学校。她打

算在10年或15年之内消灭综合性学校。

撒切尔夫人说："我相信，工艺学校具有巨大的潜力；但是在目前政府教育经费计划的基础上，他们永远做不到我们所希望的那样。教育开支应当比平均数增加得更多些。"

但是，这在英国财经不景气的情况下，增拨教育经费显然是不可能的。实际情况是学生入学人数增多了，政府的教育拨款却减少了。

撒切尔夫人还认为，提高教育质量的关键在于加强初等教育。她认为，英国的小学大部分校舍陈旧，师资不足，不能满足使学生具备"读、写、算"三大基本要素的要求。

撒切尔夫人出任教育大臣后说："我已经把我的旗帜钉在初级学校的桅杆上了；这必须是处于优先地位的事。"

她主张缩小每个班级的规模，扩大教员的比例。她说："我确信，学生与教员的比例比起班级的大小能够更好地反映教员的水平。"

撒切尔夫人在一次记者招待会上说："我不打算现在作任何承诺，但是，我的希望是以五年为期，我们将消灭19世纪时期修建的初级学校。"

当然，这也不能不受到经费的制约。

在加强文法、工艺、初级教育的同时，撒切尔夫人提倡学生入学的优选制。这有两层含义：一是扩大学生家长为子女选择学校的可能，不是让子女们只上一律的综合学校；二是严格考试，择优录取，以保证学生的质量。

撒切尔夫人在教育大臣任期内做的第二件大事是改变由国家包揽学生的福利做法。

这是个十分敏感、涉及家长、学生切身利益的问题。

撒切尔夫人在实施这个决策时，有两件事犯了众怒。一件是把免费供应小学生牛奶改为由学生出钱。由此诱发了伙食费上涨。这在学生家长中引起普遍反对。他们把撒切尔夫人叫作"牛奶刽子手"。

此事一直到多年之后人们仍然耿耿于怀。撒切尔夫人则始终坚持自己的原则，她说：

"我发现，因为牛奶问题，人们给我拴上了标签，不过，我照旧做下去，因为三年多来，这项措施给政府节省了几百万英镑。"

还有一件事是撒切尔夫人决定，从1972年起不再给大学生贷款，这又引起强烈

▶1951年选举中撒切尔夫人成
为最年轻的保守党候选人

抗议。

全国学生会主席杰克·斯特洛在年会上说，保守党和学生运动之间的冲突是不可避免的。全国学生会执行委员会还有人化装成撒切尔夫人，模拟她的举止。

这年年底，甚至有一个自称为"愤怒大队"的组织竟扬言要绑架撒切尔夫人，以致警卫人员赶到撒切尔夫人家去值勤。

撒切尔夫人认为，只要她能表明节省下来的一部分钱将用于建设初等学校的计划，她就可以为削减学校伙食费进行辩护。在教育部的预算范围内，理应先安排教育方面的开支，后安排福利方面的开支。

这项改革措施还附加了一条规定：因医疗原因需要喝牛奶的儿童可继续得到供应，直至进入中学为止。撒切尔夫人的做法是想最大限度地保护教育预算。

为了避免家境贫困有资格享用免费午餐的孩子看到富有的同学自己花钱付餐费会感到蒙受羞辱，撒切尔夫人特意通过电视讲话，建议家长把餐费放在信封内让孩子交给学校。

有资格免费就餐的贫困孩子可把一些硬币零钱放在信封内交给学校。然后由老师如数退还给他们。但是她没有想到，她的这一建议并没有解决实际问题。

不久，原先赞扬撒切尔夫人通过削减牛奶和膳费开支成功地保护了教育预算的报纸，突然开始唱反调。

《卫报》把教育的牛奶法案说成是"一项惩罚性措施，永远不该提交议会讨论"。

《每日邮报》请教育大臣"重新考虑"这种做法的可行性。

《太阳报》则用大字号标题问道："撒切尔夫人是否通人情？"

更有甚者，工党年会上的一名发言者还编出了一个顺口溜说："撒切尔夫人，抢夺牛奶的人"。

撒切尔夫人成了众矢之的，并因此又获得不少攻击性的绰号："吃人魔鬼"、"莎乐美"等。工党议员们当然借机竞相咒骂她，说她是"有一张虚伪面孔的吝啬鬼"、"一个反动的野蛮女人"。前工党政府教育大臣肖特骂她是"思想上的精神贵族"。因为，这些主张有利于富家子弟上学，而劳动人民的子女上学人数将会减少。

某地工党市政会正在考虑购买一批乳牛，给本地孩子供应牛奶；某些地方教育当局为了回避执行有关法律，以含乳饮料代替牛奶；有些地方的市政会根据1963年《地方政府法》规定的权力，开始采取步骤给7至11岁儿童免费供应牛奶。

只有在苏格兰和威尔士，此类行动才属于违法。所有这些指责最后落到谁身上，那是不问便知的。

这场反对撒切尔夫人的运动1971年11月达到高潮。

也许撒切尔夫人过于天真，以为做了普遍认为对教育非常有

益的事情，在争论为此作出的牺牲时，是会考虑到的。地方当局出于赤裸裸的政治原因，不愿向孩子们出售牛奶，而强迫他们出售几乎是不可能的。

其实，"牛奶事件"使撒切尔夫人在全国声誉扫地，只表明她是做了希思政府的替罪羊。原来希思政府根据第一任财政大臣麦克劳德的计划，决定削减三亿英镑的政府开支。经过讨价还价，反复摊牌，撒切尔夫人主管的教育经费还是被削减了一部分。为了完成既定指标，撒切尔夫人不得不采取一切可行的"挖潜"措施。

撒切尔夫人又一次学到了宝贵的经验教训。她因微不足道的政治利益招致了最大的政治臭名。

在与地方当局几个月的斗争中，撒切尔夫人和同事们受害不浅。在这段时间内，他们不断受到新闻媒体的冷枪和暗箭，所有这一切只是为了节省900万英镑，而如果从基本建设预算中削减这个数目几乎不会产生丝毫影响。

一个女人，甚至是生活在男人世界中的专门职业女性，在遭到人身侮辱时，感情上比大多数男子更易受到伤害，这话是真的。

撒切尔夫人只要和孩子们在一起就感到最为快乐，可是反对她的人和报界却把她描绘成冷酷无情地侵害少年儿童福利的人，这使她受到深深伤害。

任何希望担任高级职务的政治家都必须做好经受这种考验的

思想准备，有些人被击倒了，有些人却变得更加坚强。

撒切尔夫人尽管蒙受这一切的谩骂、攻击，甚至围攻、殴打，但她仍然坚持自己的观点，她说道："我发现，因为牛奶问题，我被贴上了种种标签，但我照旧要干下去。"

撒切尔夫人决心不再犯同样的错误。今后如果遭人非议，也应该是为了重要的大事，不该是为了区区小事，更不能是为了一杯牛奶。

致力改变教育现状

　　整个1971年，正当学校供应牛奶问题使撒切尔夫人遭到的攻击不断加剧时，在内阁讨论政府开支问题上，撒切尔夫人也深深陷入了一场苦斗。

　　撒切尔夫人主张按原先的设想继续进行建设小学的计划，它是重点发展初等教育总政策的关键，对她在学校膳食和牛奶问题上的论点也至关重要。因此，当部内一开始有人建议与财政部主张削减预算者妥协时，撒切尔夫人表示反对。

　　1971年4月，她交给比尔·派尔一个条子，写下了她必须坚守的最后一道防线："我们不能接受按实际价格计算低于去年预算的方案。"

　　撒切尔夫人意识到，其他部的同僚们并没有像教育部那样交出痛苦地节约下来的钱，结果照样让他们顺利过了关。作为削减膳食和牛奶开支的回报，撒切尔夫人的建设小学计划提前一年获得同意。

但由于从计划到动工修建一所小学需要几年时间，这项承诺的拨款也涉及好几年。其他部门得到准许可以在政府开支计划的整个5年期间扩大开支。

此外，教育部还要向财政部上缴从高等教育方面缩减下来的节约款一亿多英镑，而同时内阁却把大笔大笔的钱花在工业补贴上。

撒切尔夫人无法与当时的财政部首席大臣莫里斯·麦克米伦取得一致意见。于是她向内阁提出申诉。可是使撒切尔夫人恼火的是，她了解到首相府决定不允许她正式提出文件。

撒切尔夫人给特德写了一封措辞尖锐的信，指出她在宣布

▲撒切尔夫人

1973至1974年度建设小学计划预算方面受到的压力。信的结尾是这样写的：

> 你经常敦促我改进我部工作，可是目前基本建设方面正在妨碍我去改进工作。我迫切需要拿到一个令人满意的1973年至1974年度建设小学计划预算额度。第三、第四、第五年的预算可由政府开支调查委员会开会考虑，但我希望届时能与他们取得一致意见。

撒切尔夫人一到教育部上班，唯一优先考虑的工作就是关于削减教育开支的决定，这项决定使学校的日子变得异常困难。当时有些学校教室漏雨，设备简陋，厕所设在屋外。但她认为，现在财政上还有些富余，可以用来改善仍在使用的破旧小学的状况。

然而，撒切尔夫人参观伦敦南部一所新建学校后，事实向她生动地表明，除砖瓦和灰浆外，教育在其他方面也必须做很大改进。

带她参观的老师显然是没有受过正规业务训练的新手。一位老师告诉她，这所学校里的孩子看到他们的朋友不得不去附近一所旧学校上学，感到非常沮丧。大部分孩子显然是事先教好的，都异口同声表示同意这个说法。因此，当有个孩子站起来发表不同意见时，使在场的老师非常难堪。

对教育体制以及靠它存在的教育机构中的弊病，撒切尔夫人逐渐形成了自己的看法。这种看法主要不是靠阅读发人深思的分析，不是靠与目光敏锐的批评家的辩论，而是通过实际接触学校里发生的真实情况。

以初等教育为例，人们普遍认为：这最初几年的学校教育对于一个孩子的成长至关重要。但是究竟应该给这些孩子教些什么？怎样教法？

撒切尔夫人来到教育部时，对这个问题没有成熟的见解。但在参观一些小学以后她发现，个别孩子常常不参加小组活动，更没有参加全班教学，基本上是让他们玩自己的东西。

她亲眼看到在一间开敞式平面布置的大教室里，分成几个小组的孩子们吵吵嚷嚷，毫无秩序，比较胆小的孩子不知道该干什么，甚至受到其他孩子威胁。她回部后告诉部内的建筑设计部门，不要再鼓励此类敞开式教室。

在大学学生会经费问题上也出现了新的激动情绪。与学校供应牛奶问题上的争论不同，学生会经费问题主要是左派运动中的强硬派组织的一次运动，因此政治上的危险性较小。

但是它极为猖狂，它的矛头不仅是针对撒切尔夫人和她的女儿，而且正在伦敦大学学院念法律的卡罗尔，也经历了一段困难时期。

当时在欧洲和美国，是学生革命的高涨时期。它在一定程度上是20世纪60年代崇拜青年思潮的发展，那时青年人被认为是透彻理解人类状况的源泉，于是很多学生希望大家尊重他们的意见。

当时的学生抗议运动只是一个即将消失的世界现象。大学的数量在当时增加太快，很多大学的水准下降，传统特点消失。而且，这种现象正好发生在市场原则退却的时候，几乎普遍设想人人都有权得到一份工作，国家也有能力让每个人就业。

因此，这些没有根基的年轻人既缺乏前辈具有的权威，又不具备新时代找到一份好工作所需的纪律性。

针对这种情况，撒切尔夫人于1971年7月，向内阁的内政和社会事务委员会提出改革建议。她本来考虑设立一名学生会登记员，但这样做需要通过立法程序，于是仅仅提出了比较温和的建议。

然而，内政和社会事务委员会开始不准备立即支持撒切尔夫人的建议，但撒切尔夫人又重新提出那些论点，而且充分认识到可能会引起很大争论，结果取得委员会同意。

这样一来，大学生很快把撒切尔夫人当作最仇恨的攻击对象。她不论到哪里都受到一群群学生的围攻。11月初，撒切尔夫人在利兹大学参加一所新建筑奠基仪式时，大约有五百名学生企图用大声呐喊把她压倒。

她在伦敦伊丽莎白女王大厅发布南岸工业大学命名文件时，遭到两千多名大声叫喊的学生的阻挠，当地不得不出动十几名骑警保护她的汽车。

12月，抗议学生利用放假组织了一次全国性抗议日，各大学焚烧了撒切尔夫人的模拟像。这时的很多大学的校长和学校当局对学生的抗议采取默许态度。

撒切尔夫人不断加剧的压力愈积愈多，越来越难以忍受。她虽然受到的压力比过去任何时候都大，信心却始终保持不变。她把一些乱七八糟的东西推到一边，专心处理工作。

1972年12月，英国政府发表教育白皮书，提出了一个高额开支和改善政府供应的十年计划。它标志着政府为解决英国教育制度中固有的问题而作出的最大努力，准备为此投入大量资金。

白皮书得到意想不到的热烈欢迎。《每日电讯报》虽然批评白皮书未能对学生贷款提出建议，但认为它表明撒切尔夫人是"我国最出色的改革和会花钱的教育大臣之一"。

大选失败后的冷静思考

1970年6月23日上午，撒切尔夫人坐着大臣专车来到唐宁街10号，在门口，她受到报界和电视台记者的采访。首相府的候客室里洋溢着热情的欢声笑语。撒切尔夫人和她的同事们相继步入内阁会议室。特德·希思，还有内阁秘书伯克·特伦德爵士在他旁边，正在那里等候。撒切尔夫人找到自己在内阁会议的座位坐了下来。

此刻，教育和科学部的事情，至少和政府所面对的重大战略问题一样，仍然在撒切尔夫人的头脑里萦绕。她无法摆脱这些问题，它们在她头脑里占的地位太重了。

但更让撒切尔夫人感到欣喜的不仅仅是由于这是自己第一次出席内阁会议，她认为，内阁会议是国家生活中的一个决定性时刻。

撒切尔夫人不是内阁中关键的机构经济政策委员会的成员，

虽然在讨论教师工资和学校开支问题时，她有时也参加会议，如出席关于工资问题的专门委员会，并做些发言。

作为内阁成员，撒切尔夫人对当时的政府感到忧虑。国家逐渐被风吹得偏离了航道，直到在绝望中挣扎，执政者撕毁了地图，扔掉了罗盘，在新的旗帜下航行，但舵手仍然未调换，他仍然坚信他的航行，重新起程驶向未知的、暗礁密布的海域。

在国内，由于全国码头工人罢工的困扰，政府上台几个星期就被迫宣布紧急状态。同时成立了调查法庭，以寻找一种代价高昂的解决办法。虽然在两周内罢工解决了，但这是否是一次胜利，也很难说。

在国际上，巴勒斯坦解放人民阵线的恐怖主义分别劫持了四架飞机，并要求这些飞机飞往约旦。正当英国内阁开会之前，他们又劫持了一架英国飞机以施加更大压力。该飞机正在飞往贝鲁特。

在这次内阁会议后的几个星期内，在进行交涉的同时，内阁对这个问题

▲撒切尔夫人

讨论了很多次。

1970年7月20日，伊恩因突发心脏病于当晚去世。撒切尔夫人知道，这是一次发挥才能的机会，先进入了影子内阁，然后进入了真正的内阁。同时撒切尔夫人也立即意识到，伊恩的去世，使她失去了最机敏的有才智的政治人物和最好的沟通工作者。

伊恩·麦克劳德去世后的那次内阁会议是沉闷的。内阁会议桌旁坐着的几乎都是撒切尔夫人此后的同僚，例如托尼·巴伯、道格拉斯—霍姆、基思·约瑟夫、约翰·戴维斯、罗伯特·卡尔、威利·怀特洛等。在当时，尽管有很多困难向撒切尔夫人突然袭来，但她的头脑中还完全没有出现忧郁的想法。

事实上，这些同僚正以极大的热情开始实施他们激进的改革方案，而内阁中的其他成员则是热情的拉拉队长。

撒切尔夫人从这一时期学到很多教训，如"紧急权力"这个词所包含的全部紧急含义及有关决定。

这一天，撒切尔夫人在寓所烛光下与丈夫谈论着政府当时所处的困境。

撒切尔夫人很清楚，当时的政府犯了很多错误。她认为，要想办法渡过当前的危机，那就必须对政府的方向提出一些根本性的问题。

撒切尔夫人和她的朋友以及大多数党内工作者们都感到，现在必须接受挑战，而且唯一的方法就是举行大选并赢得大选。从这时起，撒切尔夫人一有机会就极力倡导这一见解。

在一次全国矿工工会执委会为罢工决定进行投票后举行内阁会议上，赞成罢工的票占多数，这使撒切尔夫人感到：接下来就要进行大选运动了。由于大选的紧急性质，撒切尔夫人发表宣言，其突出主题是清楚而鲜明的：

在危机时期需要一个坚定和公平的政府；主要的新承诺是修改社会保障制度，为罢工者的家属支付社会保障金。

除了通货膨胀和工会权力问题外，11%的抵押贷款利率为我们制造了政治上的困难。

自然，人们问撒切尔夫人的问题主要是关于教育方面的事情。但在回答一个提问时，撒切尔夫人强烈地表达了她对联合政府的观点：如果设想你的政府是由所有最聪明的人组成的，这些最聪明的人对于要做的工作会有一致的看法。

撒切尔夫人未料到，她这一段话与大选后期的保守党有着联系。当时的保守党领导一方面在设法恢复元气，一方面在寻找重新掌权的办法，因此他们被一个"全国团结政府"的概念所吸引。

在竞选期间的大部分时间里，撒切尔夫人满怀信心，相信保

守党会获胜。她感到，如果我们能坚持由"谁来统治"这句话所概括的中心问题，保守党就会赢得这场辩论，从而赢得大选。

然而，这次大选结果很快表明，保守党没有什么可值得高兴的。保守党失去了33个席位。这将会是一届动荡不定的没有一个政党占绝对多数席位的议会。

撒切尔夫人对大选结果感到烦恼。从执政沦为在野从来就不是轻松的事情。

而由于种种原因，特德·希思领导下的保守党人这时感到尤为困惑。他本人已经被无礼地赶出了唐宁街10号。

由于无家可归，他只好求助于他的老朋友和议会私人秘书蒂姆·基森，在他家里暂住了几个月。

这件事使撒切尔夫人在数年以后下定决心，当她离开唐宁街的时候，至少要有一处能够安身的房子！

大选过后，撒切尔夫人到环境部任职。她在这次大选中感受到，地方税和住房问题，特别是后者，造成了保守党的失败。在这两方面构想和提出健全的深得人心的政策的任务，对撒切尔夫人具有新的很强的吸引力。

由于人们都预料年底以前举行另一次大选，大家都愿意在10月举行，因此，保守党开始几乎狂热地寻找有吸引力的政策，以便写入下一个竞选宣言中去。撒切尔夫人心中知道，现在，不仅是更换政府的时刻到了，保守党变革的时刻也到了。

领导住房政策小组

在1974年举行的选举期间，撒切尔夫人的大多数时间用在住房和地方税的工作方面。她有一个由议员组成的有效的住房政策小组与她一起工作。

休·罗西是撒切尔夫人的一个朋友和邻座议员，他是一位了不起的住房专家，有地方政府工作经验。迈克尔·莱斯姆和约翰·斯丹利精通建筑业。新当选的奈杰尔·劳森才华出众，总有自己的见解。撒切尔夫人很高兴能领导这样一个生机勃勃的小组。

政治上优先考虑的问题当然是降低抵押贷款利率。技术问题是如何达到这一目的而不是无限地补贴。除了注意制定政治上有吸引力的政策之外，撒切尔夫人有理由坚信，在抵押贷款利率问题上需要采取行动，帮助人们购房而制定的其他措施也应付诸行动。

撒切尔夫人一贯信奉拥有财产的民主和使更多的人拥有住房。在这一点上，她也深切地感到中产阶级是多么痛苦。由于保守党和工党共同造成的通货膨胀，实际上的盈利率使得人民的储蓄贬值。除此之外，1974年房产的价值下跌。税收的提高加重了商业和老百姓的负担。

在这种情况下，暂时照顾一下一个国家的中产阶级的利益可能是正确的，国家的未来繁荣很大程度上依靠他们。而且，帮助人们以抵押贷款买房子，比建筑公房或收买私人房屋归市所有更加省钱。

▲撒切尔夫人（油画）

撒切尔夫人经常引用某住房研究基金会的研究报告，报告指出：每所市属公房，现在每年平均需要缴纳900英镑作为税收和地方税补贴，而减免普通抵押贷款税，如果把这视为补贴的话，平均每年为280英镑。

撒切尔夫人的住房政策小组每星期一定期开会。住房问题专家和建筑协会的代表们各抒己见。撒切尔夫人经常向影子内阁作汇报。在小组成员没有对经济政策真正达成一致意见，也没有对任何其他问题有很多建设性看法的情况下，他们把注意力全集中在撒切尔夫人所负责的领域。

一天，撒切尔夫人在影子内阁全天会议上汇报住房问题时，她又被授权成立一个地方税政策小组。地方税问题的难度超过了住房问题的任何一个方面，由一个成员略有不同的小组帮助撒切尔夫人工作。她要掌握大量的技术资料。另外，地方税的改革，且不说取消，对中央政府和地方政府的关系和地方当局各部门的工作特别是教育部门，有着深刻的影响。

撒切尔夫人依靠专家们的意见，在特德和其他人的严密注视下，希望拿出一个激进的、深得人心的和有说服力的东西。其实这项任务绝非轻而易举。这样的形势，可见当时的政治已经到了怎样的紧要关头。

住房政策小组已经举行了7次会议，6月10日地方税小组开始工作，住房小组的建议也在顺利地拟定着。撒切尔夫人知道特德和他的顾问们希望她作出取消地方税的坚定许诺。

但是，在弄清楚用什么来代替地方税之前，撒切尔夫人实在不愿意作出这种保证。无论如何，如果秋天如期举行大选的话，现在除了找一条可以持续执行的路线写入宣言中外，不可能再做更多了。

撒切尔夫人
Margaret Hilda Thatcher

在1974年整个夏天，由于住房政策，撒切尔夫人在媒体上露面的机会超过以往任何时候。有些是无意的。撒切尔夫人向影子内阁送交的住房政策小组的中期报告，出现在6月24日《泰晤士报》的头版上。

事实上，保守党竞选宣言中关于最低抵押贷款利率的上线到底许诺多少的问题，成了撒切尔夫人的最大麻烦。虽然由于她确信在这一领域给予许诺是合理的，但她非常清醒地意识到，通货膨胀和利率的不断上升将使财政部的开支多么令人不安地增加。

特德和他身边的人似乎没有这种顾虑。一天，他把撒切尔夫人从兰伯赫斯特请来，参加他在威尔顿街的新家举行的一次会议，到会者对宣言中关于把抵押贷款利率固定在"合理"水平的提法已得到一致同意，他们要撒切尔夫人超越这种说法。

撒切尔夫人受到很大压力。她强烈反对，但最后不得不让步，保证将抵押贷款利率控制在百分之十以下。除此之外，她未同意提出具体数字，她希望事情会到此为止。

关于地方税的问题情况也是类似的。当大家在影子内阁的会议上讨论这个问题时，撒切尔夫人设法避免作出任何确定的承诺。她认为应当是所有各党通过一个特别委员会共同进行改革。

在撒切尔夫人的发言中，她提出中央政府有权限制地方政府的开支，有权对地方税进行总体调查。

在圣斯蒂芬俱乐部召开的一次候选人大会，撒切尔夫人利用讲话宣传了保守党的政策。撒切尔夫人主张，地方税体制的全面改革要考虑到个人的支付能力。

为达到这一目的，她建议将教师工资转移到财政部负担并实行更好的临时减税办法。这时是新闻淡季，是一年中推出新方案的好时机。因此保守党得到了一些有利的宣传。

对于中央政府拨给地方政府一揽子补贴的制度，大家都感到忧虑。因此，撒切尔夫人告诉影子内阁，她认为财产税改革似乎是最省事的选择，即以地方征收汽油税来补充财产税。

撒切尔夫人由于再一次被迫提出一些未经过深思熟虑的政策而感到受到伤害和愤怒。但是她想，如果她把处理具体问题的小心谨慎态度和大胆的表达风度相结合，那么，自己就可以使地方税和住房政策成为为保守党赢得选票的手段。这是撒切尔夫人当时要集中精力去做的事。

在一次记者招待会上，撒切尔夫人宣布了最后方案。她毫不迟疑地宣布了一揽子措施：抵押贷款利率控制在10%左右，取消地方税。正如老练的《旗帜晚报》记者罗伯特·卡维尔所说：饱经风霜的记者们对这些措施几乎像对党中央总部提供的雪利酒一样的欢迎。人们普遍认为，这是保守党自大选失利以来得到的最大鼓舞。甚至有人谈论保守党可能在民意测验中又要领先。所有这些宣传报道对撒切尔夫人是非常有利的。

参与建立政策研究中心

从1974年6月底开始，撒切尔夫人又参与了另外一项事业，就是建立政策研究中心。这项事业对保守党、对国家和对她个人都有深远的影响。

这个想法最初是基思·约瑟夫提出的。1974年5月底，撒切尔夫人直接参与该中心工作。是否想过邀请影子内阁的其他成员在中心工作，撒切尔夫人不得而知，但是她就是在这样的时候站了出来，并且成了基思手下的副主任。这实在需要一定的魄力。

政策研究中心是官僚气最少的机构。管它叫"智囊团"并不合适，因为它没有使人联想起任何美国有名的大基金会的气势。有人把该中心叫作"鼓舞者、变革的载体和政治酶"。

政策研究中心最先提出的社会市场方针没有显示出特别的效果，最后悄悄地被人遗忘了，只出版了一本小册子，名为《为什么英国需要社会市场经济》。

该中心干的事就是大量揭露由于政府干预造成的徒劳无益和自食恶果的后果。接着就发起在最高知识层进行公开政治辩论，目的在于实现变革，改变舆论氛围，改变对变革的可能性的看法。过了不长时间，这种做法开始引起了一些风波。

基思决定要在1974年夏秋期间做系列演讲，他在演讲中将对已出现的错误进行自己的分析并指出应该采取的行动。但他的演讲激怒了特德和保守党权势集团，因为基思把保守党和工党政府所犯的错误混为一谈。从基思等人身上，撒切尔夫人学到很多东西。

撒切尔夫人重新阅读了有关自由派经济学和保守思想方面的有创新观点的著作。她还定期参加经济问题研究所的午餐会，那里有拉尔夫·哈里斯、阿瑟·塞尔登、阿兰·沃特斯等人。

他们正在忙着为英国规划一条新的、非社会主义的经济和社会道路。撒切尔夫人常常与道格拉斯·黑格教授一起吃饭，这位经济学家

▲撒切尔夫人和她的丈夫丹尼斯

后来成了撒切尔夫人的一个非正式经济顾问。

大约就在这时，撒切尔夫人还结识了文雅风趣的戈登·里斯，他以前是电视制片人。他当时是保守党电视形象问题的顾问。撒切尔夫人觉得他对电视这一媒体有着异乎寻常的见识。

一次，基思给撒切尔夫人看了一份讲话初稿。这是一篇她所看到过的作出了最具影响力和说服力分析的讲话稿。所以她没有提出任何修改意见。

这篇演讲稿比过去任何时候都更加详细地陈述了货币主义的方针。当时通货膨胀率达百分之十七，且居高不下，通货膨胀对老百姓生活的影响使他们感到束手无策。这种情况只能使基思所说的历届政府都对通货膨胀达到如此地步负责的说法更具有爆炸性。

演讲稿不接受影子内阁所持的观点，即通货膨胀是"进口"的，是全世界物价猛涨造成的。事实上，通货膨胀是货币供应量过分增长的结果。演讲稿解释说，"松弛的货币政策和出现通货膨胀之间有几个月或甚至一两年"的时间差。

演讲稿指责希思政府造成的刚刚开始的通货膨胀问题，而且下一年还会增长到灾难性水平。演讲稿同样拒绝把收入政策作为抑制通货膨胀的手段。整篇分析细致入微而且咄咄逼人。

基思在伯明翰的埃奇巴斯顿作了一次演讲。这次演讲还提出了有关家庭衰退、道德败坏以及放纵的社会的危险等能打动人心的观点，并把所有这些与社会主义和平均主义相联系，提出了"重振不列颠道德"的长远目标。

这次演讲的影响是巨大的。民意测验显示，保守党领先工党两个百分点，基思受到公众的广泛支持，来信装满了六邮袋。

当然，这也让特德和保守党权势集团感到极为难堪。有些人仍然希望，关于可怕的社会主义的警告，加上暗示组织国民政府以及我们关于抵押贷款利率和地方税的新政策，就能使保守党重新执政。基思演讲当天的一次民意测验，这又助长了上述错觉。

普莱斯顿演讲使基思的战略真相大白，因为很清楚，如果保守党重新执政并由特德·希思担任首相，就几乎不可能像基思鼓吹的那样对政策进行重估。

基思本人很谨慎，他决定在威尔弗莱德街的政策研究中心里多花些时间而少去威斯敏斯特，因为这里他的一些同僚对他十分恼火。

就撒切尔夫人来说，她根本没有看到任何真正使保守党获胜的机会。

在短期内，撒切尔夫人准备尽她所能，为政策而斗争，为这些政策辩护；从长远看，撒切尔夫人确信，必须使整个党跟上基思的思路，而且最好是在基思的领导下。

1974年8月，玛格丽特在议会夏季休会前必须准备好她的那部分竞选声明稿。哈罗德·威尔逊由于受到议会的这个如此微弱

的多数的羁绊，不久将只有乖乖去乡间官邸避风头。

在做了大量的工作，并通过影子内阁为她的提议进行了一番激烈的角逐之后，她离开了那里到肯特郡去度两星期的假，她是该歇一歇了。休假第一天，她接到从保守党中央办公厅来的电话就不下五个；第二天她就回到了伦敦。回来后，她首先向记者招待会宣布了她的建议，然后拍成一部短片，作为本月底党派政治广播节目在电视上放映。

她提出的关于住房问题的建议似乎违背了所有关于非政府干预的思想原则，而她对这一思想原则就像塞尔斯顿军人旅战士一样笃信不移。她保证保守党将会把抵押借款利率降到9.5%以下；一次性买主在一定的最高限额下每储蓄二英镑将得到一英镑的拨款；使用地方当局地产三年以上的租户，将有全权无须押金而用百分之百的地方当局的抵押借款以市场价值的三分之二来购买他们的住宅。

工党把该建议斥为"玛格丽特的仲夏昏热症"和蛊惑人心的"选举诱饵"，断言到头它是不会实现的。10月10日那天，威尔逊决定进行投票选举。全体选民再一次抛弃了保守党，使它对前途所抱有的一切希望都化为泡影。哈罗德·威尔逊以微弱多数重新执政。

在政界，与在其他领域一样，最高领导人必然要对事业的成败负最大的责任。两次竞选失败，保守党不可避免地要对他们的领导继续留在那个位置上是否合适开始产生了怀疑。特德·希思没即刻退位。他太喜爱这个位置了，既然他已尝到首相职位给他带来的所有甜头，他就越发不愿意放弃党魁的职位。

有一件事特别使他感到难过，即他将住不进契克斯官邸了。它是1918年费勒姆的李勋爵奉献出来的，是白金汉郡乡村的一座豪华的住宅，专供未来的首相居住，不管他属于哪党哪派。希思对它如此恋恋不舍有他的原因，以前的保守党首相通常自己家里另有一所类似的住宅，但是他这个来自布劳德斯蒂尔斯的语法学校的学生却没有。

对待其没有获胜的领袖，保守党向来是相当冷静的，特德·希思向党内批评他的人进一步发起进攻，他宣称他原打算形成各党派联合，即建立"一个包括各党派的全国联合政府直到渡过危机"，如果这样，保守党本来可以赢得这次竞选的。

特德·希思的那些职位颇高的朋友和亲密同僚如卡林顿勋爵和吉姆·普赖尔劝他提出辞呈，认为这是他有可能再度当选的惟一办法，而且对他的批评也可平息下去。如果此法没有奏效，他们可以在某个不太持同情态度的人出来提出挑战之前，找到一个像威廉·怀特洛这样政见相同的人接替他的位置。但特德·希思没有接受他们的建议，他深信在两次竞选中所坚持的政策都是对的，一旦烟云散尽，人们就可看清这些方针本来就是对的。

不仅在党内，在新闻界对接班人的推测也极普遍。被提名最

多的是基思·约瑟夫，在希思政府里他曾担任健康和社会保险大臣。在那期间，他一直全神贯注于他那繁重的工作，只是当保守党被推到了反对派的位子上，他才得以对他和保守党在过去40个月内所做的事加以反省，并和他的党内朋友进行讨论。

他曾说过："我感到我们全都被过于完美的愿望弄昏了头脑，我渴望尝试着学习已有的经验教训，尤其是，为什么德国人的那一套市场理论实行得这么成功？"

"当希思先生在他的影子内阁里给我一个职位时，我请求他给我一个不管部大臣的职位，以便我能建立一个研究机构，专门总结西欧的经验教训，探讨它们何以比我们要富强得多。"

希思同意这个主张，于是建立了一个政策研究中心。右翼报纸《每日电讯报》的新闻记者艾尔弗雷德·谢尔曼，玛格丽特·撒切尔，以及希思提名的该委员会的候选人亚当·里德利在这个机构中发挥了主要作用。

这个中心很快就把工作重点从研究西欧转到开始尝试把社会市场理论的经验教训融化于英国自己的思想当中。1974年9月5日，在普雷斯顿的一次演讲中，基思·约瑟夫爵士第一次将货币主义的新经济理论引入这个国家的政治领域，并为撒切尔夫人的保守主义所掀起的一场革命扫清了道路。

"二次"大战以来，约翰·梅纳德·凯恩斯思想成了历届政府的经济政策的基础。他不赞成当时实行的降低工资解决失业问题的办法，不赞成削减任何看得见的东西。他认为，只有由政府出面干预和弥补经济制度中的缺陷，通过财政措施和公开投资，增加需求，才是减少失业和缩短萧条的惟一办法。

而在另一方面，货币主义正如它的著名鼓吹者米尔顿·弗里德曼所阐述的那样是回到19世纪大卫·李嘉图的经济理论上去了，回到文明的自私自利的理论上去了。根据这一理论：每个人都是自己利益的裁决者，如果法律得到遵守，契约得到履行，劳动分工和市场合在一起将产生最佳经济效果，而无需政府的任何干预。

20世纪的货币主义是建立在与此极为相似的观点的基础上的。它的辩护者们说，通货膨胀起因于过量的货币公债；政府不应干预失业问题和生产数量问题，而应尽可能不介入经济和实业界。

基思在普雷斯顿的演讲中支持了这一理论，并把凯恩斯主义斥之为只不过是"一届政府用来减少失业的一种办法，也就是通过赤字财政扩大总需求，其结果导致了通货膨胀，并且也不能真正帮助失业的人们"。

接着，他抨击了保守党财政大臣托尼·巴伯的通货膨胀政府和增加政府开支的做法，他认为它们导致了目前的通货膨胀。

那时托尼·巴伯已退出政界，特德·希思需要一个人接替影子财政大臣的位子。基思·约瑟夫是最适于做此项工作的人，但

由于他的观点偏激，并且因为他是惟一对希思的领导地位造成明显威胁的人，所以希思不愿基思·约瑟夫爵士充当他的影子内阁里的第二把手。

因此，当希思在10月的竞选失败后逐步筹建队伍时，他选择了罗伯特·卡尔负责财政事务，玛格丽特·撒切尔则担任他的发言人，负有"财政立法和公共开支的特殊责任"。

这是严重失策。玛格丽特出任该职位时正值她的同事们在寻找某个人充当党的领袖的候选人，而她还要在那个位子上与工党就财政法案展开辩论，她还要克制自己，服众全局。

然而，不久特德·希思和1922委员会之间出现了不愉快的局面。实际这个机构建立于1923年，当时是因为某些保守党议员为把奥斯汀·张伯伦从党的领导职位上撵下台所举行的反叛，它现在的作用则是处理那些涉及后座议员利益的行政事务，并使他们的意见能传达到党的最高一层，引起党的领袖注意。

委员会由经过选举产生的18个成员组成，由一个执行委员会负责领导，1974年，爱德华·杜坎主持着该委员会的工作。10月14日，即选举后的四天，执行委员会在伦敦爱德华的家里举行会议，讨论议会复会之前的日常事务。

然而，到会议召开之际，党内不仅出现一些对特德·希思的领导的不满，一些后座议员还纷纷要求执行委员会的成员们采取些行动。因此当会议进行中间，他们讨论这个问题出乎大部分人所料。

那天晚上，当18名成员到达爱德华·杜坎的寓所时，尽管会议本来是秘密举行的，但他们意外地遇上了一大群记者，记者们都急于想知道是否又正在酝酿一个1922式的反叛。

出人意料的是，后座议员们只同意必须举行一次新的党的领导的选举，并不一定要把希思赶下台，而是想重新肯定他的地位，并平息对他的批评和骚动。

杜坎被委派去向特德·希思解释这一情况，并于翌日回来向执行委员会汇报会谈结果。特德·希思对此很恼火，他一意孤行，从而失去了可能站在他一边的人，他简单地把整个这件事情看作是对他的背叛。

吸取了前一次会议的教训，爱德华·杜坎在米尔克街他任董事长的凯泽—厄尔曼商业银行里举行了第二次会议，在会上他将汇报与希思会谈的情况。

报界又一次知道了这一计划，记者们带了照相机等在那儿，都以头版头条登着"米尔克街的黑手党"的标题，夸张地编造了有关倒希思的密谋。

这令希思更加恼怒。他拒绝执行委员会邀请他去面对面地讨论这个问题，理由是每届新议会成立后通常要改选执行委员会，因为还没有进行改选，他不准备就目前的领导职位作出安排。

1922委员会在没有他出席的情况下提前召开了全体会议，会

上讨论了他的领导地位问题，并改选了执行委员会，改选结果原来的成员一个都没有动，这种情况在执行委员会的历史上还是第一次出现。但希思把所有这些警告都当作耳边风，他坚信领导保守党非他莫属。

当亚历克·道格拉斯—霍姆爵士改革选举党魁的程序时，他没有预见到可能会出现任领袖不想离位的情况，因此保守党不得不制订新的规则。希思意识到除非同意这一行动，否则会面临大规模的倒戈，于是便任命了一个由霍姆勋爵主持的10人规则制订委员会。

赶在议会圣诞节休会前，委员会拟出了建议，建议规定：保守党处于反对党地位期间，每年应举行一次新的领导选举；此外，如要在第一轮选举获得全胜，候选人不必领选15%的投票数，而只需领先15%的全体选举人数，也就是只要得276票就可以了。这个建议被采纳了，希思同意，一待整个事情安排完就举行一次选举，日期定在1975年2月4日。

自10月大选，保守党失败以后，谁将是这次党的领袖选举的候选人很自然地成了人们普遍议论的话题。基思·约瑟夫一开始就是呼声最高的竞争者。相当一部分后座议员支持爱德华·杜坎参加竞选，但由于他刚刚重新当选为1922委员会的主席，他的任务就是负责这次选举，这种情况明显地变复杂了。他是否适合作为候选人尚有疑问，因为他不赞成英国加入欧洲共同体。有

一、两个人包括弗格斯·蒙哥马利，提议让玛格丽特·撒切尔当候选人。

玛格丽特·撒切尔断然拒绝了这个建议，理由是：她认为保守党是不会把妇女放到最高层上的，好几次在公众场合，包括在英国广播公司儿童电视节目"开船旗"上她这样说过。她还曾说："妇女无论是做党的领袖也好，做首相也好，都还是很遥远的事，我在有生之年是看不到这一天的。"她选择基思·约瑟夫爵士为党的领袖候选人，并明确声明支持他。

然而，不久这种局面就发生了变化。在10月19日对埃奇巴斯登保守党人的讲话中，基思·约瑟夫引来了一个大麻烦。在讲话中，他倡议对较低阶层的女人，也就是那些在社会经济中处于四、五等级的母亲，应免费给予避孕药物以避免她们生育过多。她们由于失去工作，最不适于抚养孩子。

他说："我们的人口平衡和人种受到了威胁。"这番话使他威信扫地，声名狼藉。人们指责他在鼓吹"优秀人种理论"和想要发明"医治无产者的药丸"。尽管花了一个星期的功夫竭力进行解释，说明他讲话的真正含义以及他的话如何被曲解了，但是看来他再也没有希望成为保守党的领袖了。

有鉴于此，玛格丽特开始认真考虑毛遂自荐参加竞选了。但直到11月，基思先生说他永远不会参加竞选时，她才宣布参加竞选的打算。

　　玛格丽特是自己向特德·希思提出挑战争夺保守党领导权的决定的。她家里也没有讨论过如果她成功了将意味着什么，甚至也没讨论过她失败了将意味着什么，后者无疑将意味着她前座议员生涯的结束。

　　这些玛格丽特没有细想过，她只考虑着国家的状况，考虑着保守党的状况，考虑着在她身边那些可能领导该党的人们的状况。她断定他们中没有人能够使这个国家向右转，她相信这个国家需要向右转。如果有人说她是在作世外桃源式的幻想，她会回答道："我不想孤注一掷，但是有人会的。"

　　她是这样解释她为什么要挺身而出参加竞选的，她说："我是一个真正的保守党人，我相信保守党人治理这个国家比任何人都出色。而我看到保守党正在急剧地向左转，似乎没有人具有我这样的想法和观点，而这对于我的国家是最为重要的。"

　　虽然玛格丽特觉得国家需要她，但这个国家的大多数人却几乎对她一无所知。无疑她在取消牛奶这件事上很不得人心，对于那些对政治特别感兴趣的人来说，她的一些讲话是令人难忘的，她的同事们也目睹了她勤奋工作和在处理细节问题上的能力，但对街头巷尾的普通人来说她还是一位名不见经传的人物。

　　在《泰晤士报》上，伯纳德·莱文这样评论她，说她与特德·希思完全一样，冷漠无情，"在他们两人之间选择由谁来担任党的领导，只不过是从爱斯基摩人的圆顶茅屋跳出来又跳进冰川一样没什么两样"。她肯定不是一个能燃起大众创造力的政治家。再者，议会两派中都有不少人认为她是一个不讨人喜欢的、中层的郊区居民，是一个智力平常的人。"

但是有许多人支持玛格丽特，他们看到了她身上所独具的东西。其中就有新闻记者和英国联合电视公司的舞台监督戈登·里斯，在繁荣时期后的好多年里他一直为公司推销电视录像。他还兼职为保守党作党的政治广播宣传，也正是在这个职位上他第一次遇见了玛格丽特，而且被玛格丽特的能力迷住了。

他清楚地看到了玛格丽特正直诚实的品质和领导素质，而其他人要用几个月甚至几年的时间才能发现它们。他决定支持她帮助她竞选，向她提供宣传方面的专门技能和知识。那时有些人认为他此举是在职业上自毁前程。如果玛格丽特争夺领导权的努力失败，而希思又卷土重来，那么里斯就完蛋了。但他认为她是一个不同寻常的女人，具有巨大的威力和魅力，他不怀疑自己的直觉。

还有艾雷·尼夫，他也发现了撒切尔夫人具有特殊的才能，他是一位不太出名很受尊敬的后座议员，在1950年大选时玛格丽特第一次遇见他，那次他们两人同时被提名为候选人。

当他在内殿法学协会弗里德里克·劳顿的法官议事室当低级官员时，他们再次相遇，1953年玛格丽特正在那里学习习惯法和刑法。他们从那以后结下了一些友谊，并且自她进入议会以来他

一直带着浓厚的兴趣观察她的举动。

他原先支持爱德华·杜坎竞选党的领袖职位，但杜坎好几个月一直举棋不定，并于1月宣布他决定不参加竞选。事实上，如果他参加竞选并当上了党的领袖，他就不得不放弃他的银行，他不愿意这样做。此外，还有一些议论认为，对曾经发生在凯泽—厄尔曼商业银行的一起事件的秘密调查会给这位可能当选的首相带来麻烦，这些议论后来不幸言中了。

1979年5月，一份贸易部的报告指控以杜坎为首的这家银行的董事们在1973年做的一笔在法律上是不合理和不完备的1700万英镑的贷款。

最后，他的妻子打破了这种犹疑状态，声称她不想要他参加竞选。在这个节骨眼上艾雷·尼夫转而支持了玛格丽特·撒切尔，一大批相信其判断力的后座议员也跟着转向了她。

政治在任何时候都是丑陋的交易。一个政治家在为其地位拼命时，它就变得更丑陋了。1974年11月，为了一项提案玛格丽特再次处于被攻击的地位，这项提案的内容是提高老年人的收入使其与通货膨胀保持同步，将他们的退休金再提高一些。

那时，这项提案看起来完全不会招来物议。她还建议贮备高蛋白食品罐头，如大马哈鱼、沙丁鱼和火腿之类的。在几年内一周买一个罐头，因为它们能够长时间保存，而且这些东西将来一定会涨价。她说她自己已在这样做了。

所有这些言论都刊载在一家叫《退休前的选择》的杂志上，鉴于丹尼斯次年要到退休年龄，他会见了该杂志的记者们。

工党在这一点上大做文章，一位漫画家画了一幅漫画，上面画着玛格丽特·撒切尔夫人被堆积如山的罐头团团围住，这些罐头都是她从饥饿的领取退休金的人们的嘴里掏出来的。

她在保守党内的反对者也利用了这一点，有些人在公众中进行煽动，他们说："这里就有一个有力证据，证明她是如何脱离那些没有能力贮存大马哈鱼和火腿罐头的普通百姓。"

在《旁观者报》，帕特里克·科斯格雷夫撰文评论说，整个这一事件叫人十分费解。一位叫塔利斯的先生在广播电台非正式谈话节目中，传言撒切尔夫人在食糖供应短缺期间，试图从他在芬奇利街上的商店购买大量的食糖。

这原来是个弥天大谎。撒切尔夫人几乎从来没在芬奇利街上买过东西，而塔利斯先生也从没在那里做过生意。这些事搅得人心烦，但玛格丽特比她在教育部的那些日子里还要坚强地克制住了自己。她说："他们搞垮了基思，但他们甭想搞垮我。"

在洛奇大院，也就是她在兰伯赫斯特高尔夫球场上的一套房间里，玛格丽特与家人共度了圣诞节，并探望了住在奥丁顿附近的朋友，包括比尔·迪兹和他的妻子。

比尔是来自阿什福德的国会议员，也是《每日电讯报》的编辑。他是讽刺杂志《私探》里一个题叫"亲爱的比尔"定期信栏

负责收信的人，据说这些信都是丹尼斯·撒切尔撰写的。

这些虚构的信后来被改编为一个叫"人人都求丹尼斯"的剧。两种改写脚本都提到了比尔·迪兹还是丹尼斯的一个重要的高尔夫球球友。

玛格丽特在晚上不愿和丹尼斯的高尔夫球友呆在一起，高尔夫球甚至使她心烦，可竟有谣言说在她一生中恰恰有一次与丹尼斯在高尔夫球场上闲逛。每当谈话一涉及到高尔夫球的话题，她就离开。圣诞节期间他们常去拜访的朋友还有约瑟夫夫妇，跟他们在一起，玛格丽特觉得有许多话好说。

玛格丽特回到伦敦后不久，爱德华·杜坎决定不参加党的领袖竞选，并且明确声明他将投玛格丽特·撒切尔夫人一票，这样他的很多追随者都转向支持她了。艾雷·尼夫以竞选经理的身份帮助她竞选，与他一起工作的有威廉·谢尔顿，后者是他在教育部工作期间的同事和副手。

这场竞选就这样拉开了战幕，一开始艾雷·尼夫就竭力证明玛格丽特·撒切尔夫人有许多最突出的可贵之处。在战争期间他训练过女间谍，他非常尊重妇女，赞赏她们的勇敢。他本人也极其勇敢，是第一个从考迪兹德国战俘营逃出来的盟军军官，然后他又潜回战俘营为其他逃亡者组织了一条十分成功的逃跑路线。

他对玛格丽特评价说，她"长期以来一直是个真正的理想主义的政治家。她不仅是一个政治家。而且是一个哲学家。"

保守党第一位女党魁

1975年，是撒切尔夫人一辈子忘不了的一年。以前，她只能具备在不同时期独当一方面的责任，今后，她必须对国家事务中的各个方面承担责任。

她对国内各种问题的立场，人们多少是熟悉的，但是国际事务，还是她从未涉足的领域，而一个党的领袖必须以相当大的精力处理这类事务。

1975年在赫尔辛基举行了欧洲安全与合作会议，这次会议通常被看做是国际形势趋于缓和的象征。她必须在这些方面表示自己的立场，她打算逆潮流而动，提醒人们提防"虚幻的缓和"，重提多少年来弃置未用的丘吉尔关于"铁幕"的说法，并且重振英国在世界事务中的作用。她准备在适当时机，把这些都说出去。

她打算在国内外各种问题上塑造自己的鲜明形象，在英国历

史上划出一个"撒切尔时代"来。有好事者，用"换头术"的办法，把撒切尔夫人的头像替换维多利亚女王的头像，近似戏谑，却并非全无根据。舆论界说，撒切尔夫人要搞一场"革命"，她想更新英国的面貌。

希思政府终未能扭转经济的不景气，钞票发得太多，通货膨胀继续上升，政府赤字有增无减。希思本打算把通货膨胀和严重失业一起解决，事实上无此可能，反而水涨船高，罢工风暴也因而此伏彼起，特别是矿工的罢工使希思政府处于四面受敌的境地。

政府唯一做到的，是使英国终于成为欧洲共同体的成员，从而大大改进了英国同西欧大陆国家的关系。然而就在英国参加欧洲共同体那一年的冬季，爆发了第二次世界大战结束后席卷资本主义世界的最严重的一次经济危机，又使英国经济受到了沉重打击。于是在1974年提前大选中，工党又夺回了执政权。

保守党在1974年大选失败后，党内有些人希望党的领袖希思辞职。希思自1950年进入议会，在党内和政府内一直身居要职，有着长达十年的保守党领袖生涯和将近四年的首相经历，在党内的地位是举足轻重的。

因此，要与希思争夺党的领袖地位，一般人都望而却步。1975年2月，保守党举行年会，惯例要选举党的领袖。开始，撒切尔夫人支持基思·约瑟夫同希思较量，但不久基思·约瑟夫因家庭原因退出了竞选，就没有人再向希思挑战了。

撒切尔夫人过去是受到希思信任和提拔重用的，自己也感到有一种师承关系，但在某些政策方面她并不赞成希思的主张。经过认真思考以后，她决定向权威挑战。

一天，撒切尔夫人走进了希思的办公室，彬彬有礼地对希思说："阁下，我来向你挑战！"

曾经作为她的内阁成员的戴维·豪厄尔后来赞叹地说："这类事情通常都是在暗地里干的，她却来了个非常大胆的行动，真可谓一个典型的坦率行动。"

为了让更多的人了解她、信任她、支持她，她的一些密友组成了精干的竞选班子，为她大肆宣传。恰在此时，她在下院对工党政府的财政议案发动了一次出色的进攻，把工党的财政大臣弄得瞠目结舌，狼狈不堪。她的这次胜利轰动了整个下院，并赢得了保守党同僚及新闻界的一片喝彩。

原先并不认真对待撒切尔夫人挑战的希思，这时也

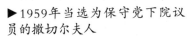
▶1959年当选为保守党下院议员的撒切尔夫人

意识到自己领袖地位最严重的威胁来自何方，但为时已晚。第一次投票的结果，撒切尔夫人获得了130票，而希思才得119票。大惊失色的希思嚷了半天才说出一句话："看来我们全搞错了。"只好宣布辞职。

按照选举规则，保守党在下院共有278名议员，候选人必须得到140票的绝对多数才能当选为党的领袖，否则还要进行第二轮投票。

在一个星期后举行的第二轮投票中，希思退出后参加角逐的另外四个候选人，比希思败得更惨，撒切尔获得了146票的绝对多数，当选为英国保守党历史上的第一位女党魁。

▲撒切尔夫人发表演讲

在保守党领袖选举揭晓之后，撒切尔夫人对记者们说，她现在非常兴奋，特别使她高兴的是，在丘吉尔、艾登、麦克米伦、希思的名单后面现在添上了玛格丽特·撒切尔。

有记者问她当选后有什么感想，她矜持地说："我当之无愧！"

撒切尔夫人出任保守党领袖后，开始注意完美自己的形象。在她的助手建议下，她开始请国家剧院的教师上嗓音课，以改善自己演说的声调。当然，最重要的还是如何振兴保守党。

她首先进行党的领导班子的改组，继而为充实自己在内政、外交方面的经验，在当选保守党领袖之后的10个月内，先后12次前往国内各地视察，并出访欧洲、北美等6个国家。

1976年1月19日，撒切尔夫人在伦敦金森顿市政大厅发表了一次《英国觉醒了》的著名演说，有人把这次演说与30年前丘吉尔在美国富尔顿的著名讲话相提并论：两人都显示出了对苏联的毫不妥协的形象。这是她就任保守党领袖之后首次就英国外交政策进行公开演讲。

她针对工党威尔逊政府同苏联搞"缓和"的政策，揭露苏联鼓吹"缓和"的虚伪性，提醒西方国家应从俄国在世界各地的扩张中吸取教训来对付他们。

在这次演说中，她猛烈攻击苏联决心"统治世界"，强调苏联正在迅速取得成为最强帝国所需的一切手段："当我们把一切

放在大炮前面的同时，他们却把大炮放在黄油前面。"

她在批评工党政府减少防务预算将会严重削弱英国在世界舞台上的作用的同时，警告英国必须从中汲取必要的教训，否则"用苏联的话来说"，"那我们注定，将被扫进'历史的垃圾堆'"。

她尖锐地指出："俄国人不是为了自卫。他们一心想称霸世界。而且，他们正在迅速地获得成为世界上最强大的帝国所需的手段。"

撒切尔夫人的讲话刺痛了苏联当局，苏联官方的宣传机构对此马上作出反应，骂撒切尔夫人是"铁女人"，是"可怕的冷战巫婆"。

苏联驻英国大使馆也向英国政府提出了抗议。撒切尔夫人立即回击说："我还要继续讲事实，老是讲，老是讲。"

从此以后，"铁女人"的雅号不胫而走，名扬四海。

在撒切尔本人自传中，她曾把这个绰号的来历归之于苏联的新闻机构塔斯社。

撒切尔本人写到，在1979年大选获胜后不久，在去东京参加七国首脑高峰会议的路途中，她曾在莫斯科短暂停留。在那里她意外地受到了苏联总理的接见。

"苏联如此关注我的动机不久就很清楚了，"她写道，"他们想知道关于铁娘子的更多的信息，这是我在1976年的一次演讲后，塔斯社给我的一个绰号。"

苏联《红星报》记者尤里·加夫里洛夫后来回忆说：

这的确是我的想法，我也没有受过任何人的启发。我把这个称号写在了1976年1月24日一篇文章的标题中。当时，似乎人人都喜欢这个说法，她的反对者认为这准确地点明了她的倔犟和顽固，而她的支持者则把这看成是力量的象征。

加夫里洛夫还回忆说：

我脑子里首先联想到的就是俾斯麦，他的称号是铁血宰相。但我无法用一个男性化的词汇来形容撒切尔夫人，因此我把宰相一词换成了娘子。

我至今还为能够想到这个绰号而自豪，但我没有任何冒犯的意思。只是，我那时候的确感到苏联正面临着一个强劲的对手。

她不会没完没了地谈论和平和友谊，她会无视英国国内的反战运动并成为美国的最坚定的盟友。

撒切尔夫人把"铁娘子"的绰号当成是对她坚强性格的写

照，颇引为自豪。

她在1979年与工党竞选英国首相宝座的一次演说中曾公开宣称："俄国人说我是'铁娘子'，他们可说对了，英国正需要一个'铁娘子'。"

▲撒切尔夫人身穿迷彩装视察部队

在撒切尔夫人的嘴里，"铁娘子"这个绰号似乎由贬义一变而成为褒义了。

正由于苏联的攻击，反而使她得到了全国的支持，国内外越来越多的人都把目光盯在这位"铁女人"身上。

对外交往的成功，提高了撒切尔夫人及保守党的威望，也增添了她带领保守党重振英国的信心。

撒切尔夫人当选为保守党领袖，她立即去参加了在威斯敏斯特大厅举行的记者招待会。她表示，原来的影子内阁将照样工作。人们猜测，当保守党组织政府时，她一定要请怀特洛留任。怀特洛也寄来了贺信。

保守党领袖在伦敦的俱乐部，即圣詹姆斯官卡尔登俱乐部接受她为名誉会员。英国保守党居然选出一位女领袖，在西方引起了震动，以为这是破天荒第一回。

获选后的撒切尔夫人来到了下院财政议案委员会。最近一个时期，她经常同工党议员在这里展开激烈的辩论。在今天这种场合，唇枪舌剑都暂时收了起来，朋友也好，论敌也好，都报以欢呼。连代表工党政府财政部的前座议员也不失绅士风范，十分殷勤地向她表示祝贺。

工党财政部首席大臣乔尔·巴尼特对撒切尔夫人说："我们祝您身体健康。如果您一直像今晚这样具有吸引力，那将是很有益的。"

拉塞尔·路易斯俏皮地评论说："谁说骑士风尚的时代已一去不复返了？"

对于撒切尔夫人本人来说，当选为保守党领袖是她从政道路中至为关键的一步。因为这就意味着保守党一旦在下次大选中得胜，她必然就是英国历史上当然的第一位女首相。

英国近现代史通常是按照一任一任的首相来划分阶段的，而不是以国王或女王的王位承续来划分的。王位是大不列颠的象征，政治的实体则在首相府。

英国首相又是因他所属的政党在大选中获胜而产生的，所以具有党魁和政府首脑的双重身份。毫无疑问，50岁的撒切尔是一颗正在上升的明星。

此时的英国经济普遍呈下滑趋势，撒切尔夫人对工党卡拉汉

政府第三次提出不信任动议，最终以微妙优势获得通过。工党政府被迫下台，并宣布于1975年5月3日举行全国大选。

　　撒切尔夫人一方面以"铁女人"自居，另一方面又不时地持着购物袋徒步上街买菜，并随时同人亲切交谈，使她在公众心目中具有一个温柔而又平易近人的家庭主妇形象。

第三章 蝉联首相

　　哪里有争论，我们就带去和睦；哪里有谬误，我们就带去真理；哪里有疑问，我们就带去答案；哪里有失望，我们就带去希望。

　　　　　　　　　　——撒切尔夫人

英国第一位女首相

　　撒切尔夫人从久经沙场的希思手中接管了保守党领袖的权杖，这是她在成就自己的辉煌事业的里程上又跨越了一大障碍。

　　本来，4年的保守党领袖生涯，却是撒切尔夫人当英国首相的"实习期"。如今实习期行将结束，离大选日子还只剩下一个月，她必须把握时机，率领她的一班子竞选人马全力以赴地投入竞选首相的角逐中。

　　撒切尔夫人发表了上百次演说，出席了几百次群众集会，同千千万万的人握手问候；她还要举行数不清的记者招待会，通过电视同选民交谈，在收音机里发表自己的政治见解，工作持续的时间之长，竞选活动之多，都是无与伦比的。

　　没有一个顽强的钢铁意志和超人的健康体魄，要胜任这么繁重艰巨的工作量也是不可思议的。因此不妨说，这种竞选角逐不仅是两党领袖之间智慧与能耐的较量，而且也是体力与意志的拼搏。任何一方经受不住这一考验而累瘫下来，那他或她的政党就可能在大选中功败垂成。

此外，作为一名女性政治家，撒切尔夫人在唇枪舌剑、寸步不让地与工党辩论的同时，还必须充分展示她那女性温柔贤淑的气质。

为此，她必须富有家庭主妇的人情味，手拎菜袋子，在购物场和菜场出入，让左邻右舍的居民目睹，让新闻记者拍照。在一家农场，撒切尔夫人还即兴表演，抱起一头小牛亲昵，随行记者当即拍下这一温情脉脉的镜头。

但由于小牛在她怀里乱蹬乱踢，她不得不把小牛的脖子搂得紧紧的，要不是丈夫丹尼斯在一旁及时提醒，这头可怜的小牛很

▲1979年大选获胜的撒切尔夫人

可能会被窒息死了。这是在当时紧张竞选中的一个耐人寻味的小小的"噱头"。

在大选的整个过程中，玛格丽特的丈夫丹尼斯始终随行在她的左右。这位64岁的丈夫对政治不感兴趣，但尊重爱妻的选择，为她张贴广告，乐于做各种力所能及的琐碎事务。

他们的女儿卡罗尔也特地从澳大利亚专程赶来，为妈妈助威。此前她为了躲避舆论界对她妈妈的过分关注，曾万里迢迢地跑去澳大利亚找了份工作干。

这位26岁的妙龄姑娘在学业和工作上都颇有成就，但她的弟弟马克却学业不成，经常给撒切尔夫人招惹麻烦。

在一个月的紧张竞选和激烈拼杀中，撒切尔夫人的竞选班子已累得精疲力竭，难以为继了。撒切尔夫人却一改其古板威严、冷若冰霜的"女领袖"的形象，变成了一位精力充沛、坚不可摧、循循善诱、热情风趣的超凡女性，一个力图唤起人们对不列颠的前途无限关注的领路人。

工党把她斥为极右翼分子，卡拉汉干脆警告选民说选择她就意味着全国面临分裂的危险。

撒切尔夫人则反唇相讥，并警告选民说："这次选举关系到英国的前途命运，绝不能掉以轻心。"

她毫不隐瞒自己的忧虑，一针见血地指出："现在是英国迎头赶上自由世界的时候了，是我们充当领导者，而不是落伍者的时候了。"

她认为:"除非我们改变我们的方式和方向,否则我们民族的伟大性很快将成为史书上的注释了。"

她的话看似危言耸听,却也起到了震慑英伦三岛人心的作用。在与工党领袖一决雌雄的关键时刻,充分显示出了她这位"铁娘子"那高瞻远瞩和雄才大略的一面。

1979年5月3日大选日子到了。撒切尔夫人终于迎来了她出任保守党党魁四年之后的这一历史性时刻。大选前的各种民意测验都表明保守党的得分始终领先。

撒切尔夫人在投票前表现出异乎寻常的镇静。她拒绝在电视台上同卡拉汉作最后辩论的安排,只发表了一篇极其简短的声明,表示她一旦当选,将大力加强降低税收和同犯罪作斗争的政策。

出语虽不惊世骇俗,却深得人心,因为英国人民长期受工党政府高赋税的困扰,早就啧有烦言,而社会上泛滥成灾的恐怖活动和北爱尔兰屡次发生的暴乱,更是英国人的一大心病。

人们普遍认为该是割除这一毒瘤的时候了。所以,保守党女领袖的声明虽然简短,却在广大选民中产生了强大的磁场效应。

5月3日一早,撒切尔夫人一家去芬奇莱选区投完票之后即返回了她在弗勒德街的寓所。在投票一完和点算票数之间的令人难熬的时间里,撒切尔夫人虽然外表镇定如常,但内心却忐忑不

安，神经质地强迫自己做这做那，忙个没完没了。

因为她心里十分明白，无论是她的支持者还是她的反对者都十分关注这次大选，一旦保守党没能赢得这次大选，保守党的高层就会发生内讧，她的领袖生涯也将告终。

5月4日凌晨1时的钟声刚一敲响，撒切尔夫人一家又驱车返回芬奇莱选区。选举揭晓结果，撒切尔夫人以7900张选票当选为这个选区的议员。这是这位"铁娘子"得以入主唐宁街的前奏。

凌晨3时，撒切尔一家又来到保守党总部。这时，保守党似已胜券在握。撒切尔夫人受到总部大楼外面汹涌人潮的热情祝贺和热烈欢呼。她站在台阶上，在家人的簇拥下，接受蜂拥而来的记者们的拍照，闪光灯闪闪烁烁，气势至为壮观。

撒切尔夫人从此将成为英国历史上的第四十九位首相，同时也是英国历史上的第一位女首相。英国历史也将从此揭开新的一页：从这一天起，开始了撒切尔夫人长达11年半的漫长统治，亦即开始了"撒切尔时代"。

▲撒切尔夫人入住唐宁街10号

1979年5月4日中午，折腾了一昼夜没睡的撒切尔一家人又来到史密斯广场的保守党总部。他们的到来随即引发了新一轮的欢呼高潮。按照惯例，这位新当选的女首相应接受女王的召见，正式受命组阁。

女王和女首相在白金汉宫女王的书斋举行了会晤。两个女人谈得十分融洽，从此开始了她们不同寻常的密切关系。此后，撒切尔夫人每周二都要觐见女王一次。

正式奉命组阁后，撒切尔夫妇随即前往唐宁街10号首相府。这回他们乘坐的是首相专车。在驶出白金汉宫的大门时，卫兵们向他们夫妇举枪示敬。唐宁街10号已挤满了新闻记者和摄影师，照相机和麦克风频频启动，一时蔚为壮观。

撒切尔夫人神采奕奕，在唐宁街10号门前发表了一篇简短的演讲。她又进一步补充说，既然选举已告一段落，但愿两党有识之士共同争取为大英帝国效力，因为国家面临的大事很多很多，有必要精诚合作，捐弃政党成见。

撒切尔夫人不亢不卑，卡拉汉也表情平静地与她握手告别。

作为首相府，唐宁街10号乃是英国权力中枢的象征。它的深灰色砖墙和白色门窗，述说着大英帝国的历史沧桑和宦海沉浮。

从1719年英王乔治二世下旨将唐宁街10号赐给英国第一任首相沃波尔爵士作私邸使用，以后相沿成习，传至第四十九任女首相撒切尔夫人，算来已有整整260年的历史了。

撒切尔夫人搬进唐宁街10号的新寓所后，除将居室和办公室布置一新外，还把她在下院办公室墙上的丘吉尔巨幅油画摘下，移挂在首相府里。

在英国，一般当选首相在一昼夜间就得公布其新内阁22名阁员名单，否则即被视为不正常。所以，撒切尔夫人在入主唐宁街的第一天，就必须趁热打铁，组成她的首届内阁。撒切尔夫人果然不负众望，在24小时内即完成了这一艰巨工作。

《观察家报》的肯尼斯·哈里斯在采访中问她，一旦她就任首相，她将挑选怎样的一个内阁班子，她说："有两种办法组阁，一是阁员分别代表党内所有的不同观点；二是阁员只打算向直觉告诉我们必须走的方向行进，即组成一个其抱负远比实用主义的意见要大得多的内阁。这必将是一个富有主见的政府，作为首相我不会将时间浪费在内部的意见争执上。"

然而，在内阁中玛格丽特不可能全都任用自己的支持者。作为一个新任首相，而且没有一点组阁经验，她需要经验丰富的近臣来协助。基思·约瑟夫和威利·怀特洛两人都符合上述标准，而今他们也已绝对听命于她，并愿始终为她护驾。别的还有诸如诺曼·圣·约翰——斯蒂伐斯，都是积极支持者，但在内阁班子里从未担任过高职。所以，她只好起用希思的人马，比如彼得·沃尔克、伊恩·吉尔摩、卡林顿勋爵、詹姆斯·普赖尔、弗朗西斯·皮姆和索姆斯勋爵。

但是，接收这些人入阁并不是完全由于经验上的考虑：所有这些人均属下院赞成派。如果她既想胜得漂亮，又要排斥他们入阁，则议会会是相当敌对的。不过，特德·希思本人并未被邀入阁。嗣后，她解释道："我不能要他，他对和我共事不会有兴趣的。若是他执意入阁，他就会把别人挤掉。"

入阁的人基本上保持其有反对党影子内阁阁员的职位，杰弗里·豪担任财政大臣；詹姆斯·普赖尔任就业大臣；迈克尔·赫塞尔廷任环境事务大臣；卡林顿勋爵任外交大臣；还有伊恩·吉尔摩作为她的助手担任掌玺大臣，黑尔沙姆勋爵再度担任大法官；基思·约瑟夫接任重要的工业大臣职，身在其位，他得谋求减少津贴，这是项很难做的工作。诺曼·圣·约翰—斯蒂伐斯任兰开斯特公爵郡大臣兼下院领袖并艺术大臣。最后，她把希思派中最危险的人物之一——彼得·沃尔克请出了其影响颇大的后座议员席，安排进了农业部。

所有这些任命都要分别会见，而玛格丽特则在公假日周末都处理完了，还包括一大堆别的事情。她还在当选后的第一个星期五晚上抽空给在竞选期间鼎力相助之士修函致谢。手中信笺当晚发出，星期六一早送达。

唐宁街收到了成百上千封信件，大部分都得到她亲笔答复。有几封被搁置一边，比如来信中有一位她熟识的大学时代的同期同学，玛格丽特和她就政治问题曾有过激烈不休的争论。那人

写道："今天我虽不能说比当初更同意你的政见，但还是应当祝贺，这是极大的成功。"她没有收到复函。

另一方面，对象在以往10年中担任她秘书的黛安娜·鲍威尔之类的人，正式打印的答谢信后还要再加上手书的附言，洋洋洒洒，辞意恳切。在致鲍威尔的信中，她谈到雪片般飞来的大批信件，谈到办公室的女孩子们如何勉力处理它们，还谈到高潮阶段让人"不胜其负乃至厌烦"。

对她入主唐宁街，那班一直守在那儿目睹各种各样的政府你方唱罢我登场的雇员真是百感交集。第一、二天过后，不少人就在扬言："我将难以挨过一个礼拜。"

玛格丽特·撒切尔夫人仿佛飓风般横扫此地，充满干劲，也要求别人拚命干。事事都得说干就干，而不是拖到次日或下周。一切均须井然有序。而且，她讲过两遍仍未得其旨的人会感到她用词尖刻，但同时她的声调则是极为和善的。

哪怕是最低挡活的仆人的姓名她也不会记错，也绝不会搞混谁是谁的妻子，或谁染上什么小毛病。并且，她总是很注意礼貌周全，她的桌子每上一盘菜，她几乎都要对男侍者或女招待致谢。

在那儿工作过的一位官员曾把唐宁街10号称为"一个小型内阁每天议事的绅士之家"。如今，虽有名闻天下的大门，那狮首叩环和刻有"首席财政大臣"——首相的正式职位——字样的黄铜信箱，这幢房子只不过是可供130余人之用的"办公室"而已，他们每天来此上班。

它的居室部分已经移上原来的旧顶楼，这是在30年代晚期内维尔·张伯伦太太搞的。张伯伦太太认定，由于和大厅及大臣办公室混在一起，起居室易受干扰。为此，她建了一段新楼梯，升高房间屋顶，辟出一块完全独立的部分。

维奥莱特·博纳姆—卡特第一次看到改建部分后说，"这些原来空间狭窄上去时还要加倍小心的顶楼，则今则变成了由首相及张伯伦太太享用的无可挑剔的卧室了，并且光线充足。这些房间均通大走廊，有一种乡间别墅的感觉。"

她的描绘真是诗情画意，这一层的房间事实上的确令人赏心悦目，一边可凭眺圣詹姆斯公园，另一边可俯瞰皇家骑兵卫队广场。另外，上下班方便，比在弗勒德街更安全。由于其正面紧临大街，玛格丽特对这幢房子一直不满意，但自从伯马油田发生财政困难，一直没能改修。

唐宁街10号这层房子本是免费使用的。还是詹·卡拉汉提出了一个办法，要使用这套居室的首相们自付房租，租金多少以薪水的10%为准。另外，首相照例支付这幢房子的日常开支、佣人工资及所有的招待费用。只有归环境部管的房舍维修并文官的支薪由政府负担。

在担任首相的开始几个月，玛格丽特仍然住在弗勒德街；此

时，唐宁街10号的那层居室和别的部分正在进行重新修饰。她那阵子正忙于推敲女王演说的内容，该讲稿将在选举后的第12天议会开幕之际宣读。对那些投票支持该党的人来说，这个开端令人新潮澎湃。

那些支持者关心的是保守党在其竞选声明中所许诺的诸多大刀阔斧的改革：加强防务，采取有力措施以维护法制和秩序，压低个人所得税，放松对私营企业的限制，放宽政府对人民日常生活的控制；并将就工会在罢工时派出纠察阻止工人上班或顾客购物及企业或商店只雇用工会会员加以立法限制；收缩国家所有制企业并减少"全国企业委员会"的活动，以挽救陷入困境的行业。

还可利用政府资金对一些技术力量强大的公司进行投资；地方权限及新镇居民有购买私房的权利；教育当局不再逼迫将中学正规教育搞得面面俱到；新任行政班子将提出一项议案，以促进更广泛地采用私人医疗和护理；授权独立广播公司开设四个频道；修正国籍法，对移民入境加以更严格的控制。

玛格丽特在一次被大加渲染的竞选采访中说，她估计她的种种改革至少需要10年的时间。女王一离开威斯敏斯特，卡拉汉便在首次辩论中站起来对玛格丽特的那份雄心勃勃的改革清单大加嘲讽。他说，撒切尔夫人对选民们的许诺纯属空头支票，但眼下，我们实现乌托邦将不得不推迟一、两天。

财政大臣已经兑现了该党所许下的诺言，这是一个相当难得的举动。所得税削减了，而增值税则一概升至15%，而且汽油、酒精饮料和香烟也都变得更贵了。其中最引人注目的是，政府开支将被砍掉40亿英镑，这笔钱将从住房、能源、教育、就业、外援、交通及实业津贴中削减。而政府各部门中躲过这一板斧的只有警察和军队。

就在前一天，政府宣布有7.5万到15万文官失业；同时，征召新人的工作将暂停三个月，以便用2.2万英镑来遣散人员。不久以后，有消息说给予实业界的地方性援助在三年内将削减2.33亿英镑；跟着，"全国企业委员会"也将缩编，并以出售其价值达1亿英镑的资产为开端。

全国卫生部门的扩编停顿了；英国航空公司和英国石油公司的部分股份将卖给私人；由工党加以国有化的英国造船公司亦将在二年的宽限期内不依赖国家而完全独立；而英国宇航公司则将转为国有公司。

这些统一的砍削来得集中而又迅猛；尤其是各工会更觉前景不妙。政府丧失民心，每一届政府上任伊始通常都有一个蜜月期，而这届政府却没有。

然而，另一方面，这位"铁娘子"向来一丝不苟。她要变革，她要逆社会党人之道而行。在以往三年里她有机会使别人认识到自己的远见卓识，并且靠着这种远见当选执政；她认为没有

什么理由再止步不前。当有人在下院对她计划实施的工会改革提出异议时，她愤怒地回答："我们有全权订出这些计划，它们是人们所需要的，去年冬天发生的事表明这些措施十分必要。"

玛格丽特很快发觉令她恼怒的不仅是工会和反对党，内阁中的某些成员在辩论中还曾欣然表示赞同大幅度削减政府开支，而到了要付诸实施的关头，他们就不那么敢做敢为了。每个大臣都奉命拿出自己部门的紧缩措施，就像他们在希思首届任内奉命照办的一样。

那时她在教育部，发现在中小学牛奶供应一项上尚有紧缩余地。对那些在她看来缺乏胆量的阁员，她称之为"随波逐流"之辈。随着时间的过去，"随波逐流"之辈和敢想敢干、态度强硬的"坚持己见"者之间泾渭分明，这两个词儿也成了英语中的习惯用语了。她和杰弗里·豪之所以如此坚定要推行削减是因为前一年国内生产增长了1%，而同时消费基金的上升则达5%，且进口增长高达33%。其结果便是物价飞涨，而且1979年上半年英国收支平衡表上出现了巨额赤字。

全世界已出现衰退，油价上涨更是雪上加霜，加剧局势恶化。这位财政大臣在7月于伦敦召开的一次会议上解释说，"实际上，我们必须减少计划中公共消费的规模，看来一场世界性的衰退并不是我们进行内部整顿的最佳环境。那个方子在短期内也许会使日子更难过，但除此以外我们的确别无选择。这剂药虽然苦涩难咽，但若不用，我们的处境可能很容易变得不可救药。"
大臣此言不差，就眼下而言，内阁只能照办。尽管随着光阴荏
苒，那些"随波助流"之徒愈来愈惹人烦恼，而且也不那么轻易
就范了

　　根据英国立宪君主制的老传统，每届新议会开幕时，都得由
国王或女王驾临议会致辞，宣读新政府的施政纲领，盛大的场面
通过电视和广播同步传送到全英国和全世界。这虽然是例行的一
幕趣剧，但撒切尔夫人却决心在这一幕趣剧中向全国"传递出一
个明确无误的变革信号"。

　　1979年5月15日，在伦敦威斯敏斯特宫举行了新议会的开幕
式，女王在这一天宣读的施政纲领，实际上是撒切尔夫人精心研
拟的演说稿，其中心内容是：

　　　　通过控制通货膨胀和使工会运动的权利与义务大体
平衡来恢复英国经济，促使社会生活的健康；

　　　　通过削减个人所得税、放松对私营企业的限制、削
减国有企业及政府投资等来推动经济发展，创造新的就
业机会；

　　　　维护议会和法制，放宽国家对人民日常生活的控
制，停止强迫建立综合学校的措施；

　　　　协助居民成为房产所有主，提高儿童的教育水准，

拓宽老弱病残的福利渠道，严加限制外来移民的入境等；

进一步强化英国的防务，增进与西方盟国的团结协作，在一个日益受到威胁的世界上有力地捍卫西方的利益。

在强化英国的防御力量方面，撒切尔夫人决心抓好三件大事，即发展英国的独立核威慑能力，促使美国批准美苏限制战略武器第二阶段条约，在欧洲中程导弹问题上大力推动北约采取紧急措施来抵消苏联的SS-20中程导弹。

撒切尔式的革命

撒切尔夫人从首次荣登英国首相宝座起，便刻意把自己塑造成一个"激进的变革家"的形象，她倡导此前英国历届政府，包括保守党政府都从不曾有过的改革。这正应验了工党把她斥为"极右翼分子"和卡拉汉警告的"选择她就意味着现有的一切都将被连根拔起"的预言。

是的，"善者不来，来者不善"。撒切尔夫人是一位抱负不凡的高智能女强人，她走马上任伊始，便熟练地一头钻进国内外的大量政务中，她好像不是头一次坐在唐宁街办公室里，倒像是一个轻车熟路的政坛老手。

她迫切需要把她的从政构想和改革意念贯彻到她那日常的国务活动中，尽快扭转英国经济情况江河日下的颓势，给长期病入膏肓的大不列颠注入新的活力；她发誓要促成一个英国的"全面复兴"时代的到来。她隐隐意识到，只能这样，她才能真正掌控

住局势。

因为当时英国的政治现实是，撒切尔夫人虽说历经四年的苦斗，到入主唐宁街10号止，还不能说她已完全征服了保守党，遑论真正控制全国局势了。当时保守党内外的很多人仍然认为，撒切尔夫人的主政阶段充其量仅是一个过渡期，保守党最终还会要故态复萌，经过曲曲折折的折腾，又将绕回到老路上去的。因此，铁下心来跟定这个女人的还为数寥寥。

当然，要真正掌控住局势，又谈何容易。撒切尔夫人认识到，她那头等重要的任务就是要全盘否定工党政府的既定政策，要对工党的以凯恩斯主义为主体的经济政策动大手术，把工党的包括国有化政策在内的一揽子措施"推回去"，统统加以扬弃，束之高阁。

人们把撒切尔夫人的这一"野心勃勃的改革"或如卡拉汉所认定的根本不能实现的"乌托邦"设想称为"撒切尔式的革命"，不是没有几分道理的。

撒切尔夫人上台还不到一个月，就推出了第一个预算案，即1979年预算案。这个预算案在英国政坛上如同投下了一枚烈性炸弹，使各方震惊万分。不仅工党深表不安，就连保守党内多数内阁大臣都不禁愕然，因为撒切尔夫人根本没有把这个预算案拿到内阁会议上讨论过，多数大臣是在议会中由财政大臣杰弗尼·豪公布时才知道这一预算案内容的。

其结果不难想象，它引起了威斯敏斯特宫大厅的一片混乱。前工党政府财政大臣丹尼斯·希利挺身而起，在发言中猛烈抨击这一预算案，称它是"披着羊皮的母狼的预算案"。事后，他还愤慨万分，指斥这一预算案匪夷所思，"把工党政府积五年心血以降低通货膨胀的成果毁于一旦"。

其实，保守党的这个预算案正是"新官上任"的头把火。撒切尔夫人正是要以这个预算案为起点，力促"撒切尔式的革命"早日降生。

撒切尔政府的首要目标是控制通货膨胀。撒切尔夫人荣登英国首相宝座时，英国的通胀率为11%，3个月之后又增至13%。她在舆论面前除把这归咎于前工党政府从国际货币基金组织不正常

▲撒切尔夫人在讲演

借贷所引发的恶果外，也指出伊朗革命促使油价飙涨高达30%，和对英国经济的巨大破坏作用。

为了控制通货膨胀，撒切尔夫人在其执政的头一年，即1979年，就决定把货币发行量控制在11%。第二年初，她又开始推行"中期金融战略"，以求逐年降低货币的发行量，1983至1984年度，英国货币供应量降到了20年来的最低点。此外，撒切尔政府还提高银行利率，紧缩政府开支。

这还不算，女首相还撤销了前工党政府制定的3000多个计划，关闭了不少咨询监督机构，使政府部门的借款大大下降。

撒切尔政府在采取了上述一系列抑制通货膨胀政策后，收到了预期的最佳效果，英国经济逐步走出了增长缓慢和通胀率高的低谷，开始呈现出健康攀升的良好势头。

撒切尔夫人极力主张发挥市场机制的作用，减少政府对经济生活的干预，为私有经济注入新的活力。为此，她按照约瑟夫所倡导的"真正"保守党人的实用价值标准，认为国家干预经济过多的表现，是"英国病"的根源。因此，她大力推行税制改革。

新政府于1979年出台的第一个预算案，就将个人所得税的基本税率多次下调。为了避免税制改革影响到政府的财政收入，新政府增加了间接税，提高了增值税。与此同时，撒切尔政府还取消了物价管制委员会，缩小了国家企业委员会的权力，废除了180多项限制经济生活的陋规，以此来减少国家对经济生活的干预。

　　"撒切尔式的革命"的主要内容就是要大力强化私有化政策。"二战"后英国历届政府都受到凯恩斯主义的影响，建立了庞大的国有企业。到1979年大选之后，英国拥有的国有企业员工已超过了150万人。

　　同私营企业相比，多数国有企业管理不善，经营效益低下，常常成为政府的沉重负担。撒切尔夫人上台后的头两年，被迫拨出巨款来维持和改造部分国有企业。而从1981年至1987年，撒切尔政府已开始改变"英国病夫"的形象，将三分之一的国有企业转为私营，其中从国有企业转为私营企业的职工高达60多万人。这样，国有企业的产值占国民生产总值的份额，也就急剧下滑到1988年的7%左右。

　　撒切尔夫人的私有化政策是十分成功的。她使一批企业扭亏为盈，从而直接推动了整个英国经济的复苏。人们为此把保守党的经济变革誉为"撒切尔式的革命"是并不为过的。

　　如果说，撒切尔夫人推行抑制通货膨胀和私有化政策并非目的本身，而是一种刺激工业高效发展，以达到经济全面复苏的手段的话，那么，她一上台便大幅度削减文官队伍，乃是减少政府开支，平衡国家预算，以求实施"撒切尔革命"中的励精图治的重要一着棋了。

　　从1979年至1986年，新首相力排众议，最终把英国文职官员从73.2万人精简至59.4万人，实现了预期目标。

鉴于人的思想并非一成不变，今天的亲信，明天就可能成为推行政策的障碍，撒切尔夫人于1981年1月和9月在国内经济情况日趋好转的情况下，为深化改革力度，曾经两度改组政府，把反对她新政策的人或貌合神离之流统统予以撤换，提拔那些比较听话的人。

同年5月29日，撒切尔首相还宣布对国防部进行了一次大改组：任命外交部国务秘书彼得·布莱克为皇家武装部队国务大臣，取缔了海陆空三军种各配备一名国务大臣的旧体制，以制止各军种相互扯皮、争夺国防预算的本位主义现象蔓延。此举还有助于确立她这位新首相的强大权力，并明确地向世人显示，她这位"铁娘子"已是英国武装部队的最高统帅了。

在精简冗员、提高行政效率的同时，撒切尔首相还大力促成住房改革。20世纪60年代之后，英国的各地方政府兴建了大批具有福利性质的公寓式大楼，供养鳏寡孤独、低收入者和失业人员寄居，房租极为低廉，甚至不收取房租，这就占用了国家的一大笔资金。

新首相上台伊始，就积极推动出售这些公寓式楼房，以回笼国有资金。在"铁娘子"任期内，合计出售了100万套公寓式大楼，回笼货币20亿英镑。

住房的私有化大大强化了经济改革的力度，构成了她那整个私有化政策的一个有机组成部分。而值得一提的是，国有资产私有化的结果，使全国股票持有者成了撒切尔夫人的热情支持者。

从20世纪60年代起一直呈颓势走向的英国经济，在"撒切尔式的革命"的作用下终于摆脱了低谷徘徊，从1983年起，它的发展速度明显加快。1984年至1988年间，英国经济发展比法国快出一倍，比德国也快一半。这一时期撒切尔夫人的权势和威望也达到了其政治生涯的巅峰。人们把"撒切尔式的革命"称为"奇迹"，把撒切尔夫人誉为"战后英国最伟大的首相"。

可是，又有谁知道，"撒切尔式的革命"是在多大精神压力之下推行的啊！

撒切尔夫人在改革道路上所取得的一系列成绩，并非一两年内取得的。其实，"撒切尔式的革命"延续了整个20世纪80年代。她连任首相3次，这才使得她的内外政策具有连续性效果，这也就是"撒切尔奇迹"得以成就的根本原因。

但是，这位女首相的改革措施在她执政的头一年，并不曾"立竿见影"迅速改变英国的严峻形势，相反形势变得更糟。1980年的情况也不能令人欣慰，制造业的生产率严重下滑，低于几乎所有西方工业国家的水平。

撒切尔夫人决心把通货膨胀率降下来，并为此采取了多项措施。可是到1980年5月，通货膨胀率比一年前反而上扬了20%以上，失业大军高达116万人，同年8月英国的失业人数竟突破200万大关，开创了1935年以来的新纪录。

当时大公司纷纷亏损，小公司连连倒闭，经济形势一片灰暗。到当年的12月，失业人数再创新高。与此同时，新政府不但未能如愿以偿地把通货膨胀率降下来，反而比前一年上升。

经济形势的恶化，直接引发了1980年1月2日的钢铁工人大罢工。当年下半年的一次民意测验表明，撒切尔夫人得到的票数，竟然低于被她在1979年大选中击败的工党领袖卡拉汉。

工党自然不会放弃这一有利时机，议会的辩论日趋白热化，人身攻击也成了家常便饭。议员们抨击撒切尔夫人是个缺乏人性的妈妈，面对庞大的失业大军竟能无动于衷，仍在一意孤行，拿国家命运当作儿戏。

尽管撒切尔夫人能充分发挥自己的辩才而不被驳倒，但她在面对反对党的猛烈攻击的同时，却要应付保守党内部尤其是越来越多的阁僚从背后暗放冷箭，搞拆台活动，他们力主悬崖勒马，改弦易辙。当时这些人通称为"威特派"。

这一派人多系当年麦克米伦和希思手下的重臣。他们认为货币主义政策正在一步步地把国家推向深渊，保守派的执政地位已岌岌可危。两位保守党元老麦克米伦和希思也坐不住了，开始直言不讳地批评他们的继任者。

保守党的20多位后座议员奋起造反，威胁现任政府如不改变现行政策，他们将考虑脱党。就连1974年大力支持撒切尔夫人竞争党魁权位的"1922年委员会"主席爱德华·杜坎，也督促政府放弃正在实施的货币主义政策，采取能带来实效的新方案。

面对如此巨大的精神压力和越来越多的来自反对党、反对派的强大挑战，撒切尔夫人却敢于明确地说出一个"不"字。她深信自己走对了，而且越是处于逆境越是岿然不动，毫不妥协。事实上，撒切尔夫人对实施自己的政策的艰巨性早就充分估计到了。

她在1979年11月的一次宴会上就曾坚定地表示：

> 这是一项异常艰巨的任务，但我们并不是诚惶诚恐的朝圣者，即便前进道路上布满了荆棘，我们也决不后退半步。

紧接着，1980年2月，她在一次对全国广播讲话中又再次表示："任何一次大的手术之后，你都会觉得你的身体状况更为糟糕，但这恰恰是病愈的前兆。"自信、乐观之情，可谓溢于言表。

面对1980年下半年日益恶化的国内经济形势，连撒切尔夫人的亲信、货币主义者杰弗尼·豪都显得垂头丧气，但是撒切尔夫人却没有被多如牛毛的难题和黑云压城式的危机所摧垮，反而变得更加坚强。她在一次午餐会上公开强调："我的工作职责就是让国家在合理的现实的经济秩序中发展。"

同年冬季，撒切尔夫人在保守党的年会上遭到党内反对派的围攻，要求首相"转向"，她所信赖的首席经济顾问约翰·霍斯金斯也觉得自己有责任提醒首相考虑这一问题。谁知这位"铁娘子"却义正词严地答道："你知道，我即使落得个身败名裂的下场，也决不会轻易改变现行政策的。"

撒切尔夫人在作如此斩钉截铁的表态时，双眸喷射出坚定的光束，令这位首席经济顾问也不由噤若寒蝉。

没有对自己理念的高度自信和对前景的无限乐观，没有抗拒巨大精神压力的独特计谋，撒切尔夫人是闯不过这一惊涛骇浪的险滩的。

面对党内外的一片反对声浪，特别是她所信赖的同僚和她所亲手提拔的新秀的纷纷倒戈，撒切尔夫人除了用铁腕多次改组内阁，撤换那些明里暗里与自己作对的反叛者外，她还决定利用参加保守党中央理事会在伯恩茅斯召开的年会，以便绕开内阁，在全国范围内动员保守党的支持力量。

她莅会发言说：

> 过去，我们的人民作出了牺牲，只是发现他们的政府在最危急的时刻丧失了镇定，牺牲也就变得毫无意义了。这一次将不会毫无意义。本届政府将一如既往，直到我们国家的前途有了可靠的保证。

我并不太在意人们怎样说我，我倒是很在乎人们如何看待我们的国家。因此，让我们保持冷静和坚强，让我们保持基于爱国主义的相互友谊。这是我决心追寻的一条路，这是我必须走的一条路。

撒切尔的讲话获得了好评，赢得了广大保守党员的支持。这对反对派是沉重的一击。

早在1979年执政初期，撒切尔夫人曾踌躇满志地扬言："给我六个坚强的男人和真理，我就能解决所有的困难。"三年来，英国经济在"撒切尔式的革命"的冲击下，已陷于崩溃的边缘，并由此引发了严重的社会动荡与骚乱。

在1981年7月23日的内阁会议上，针对财政大臣杰弗尼·豪将在下一财政年度进一步削减50亿英镑的公共开支的发言，引发了各大臣的纷纷反对和责难。环境事务大臣迈克尔·赫塞尔廷头一个奋起发难，指斥豪的方案把城市推向绝望的深渊，必将引发更多的骚乱，并将危及保守党的执政地位。

掌玺大臣伊恩·吉尔摩则捡起前首相丘吉尔的名言："不管你的战略有多么诱人，你也必须时刻关注它所带来的后果"来含沙射影地揶揄撒切尔夫人，提醒政府当务之急是制定好政治策略而不是经济方案。

国防大臣弗朗西斯·皮姆认为失业大军是引发社会动荡的导

火线，政府关心的不应只是遏制居高不下的通货膨胀。农业大臣彼得·沃尔克主张回到老路上去：停止提高税收，用扩大政府投资的办法来解决就业问题。

大法官黑尔沙姆勋爵干脆用20世纪30年代希特勒利用德国居高不下的失业率篡夺政权和美国胡佛总统紧缩政策导致共和党衰落30年的史例来危言耸听。

贸易大臣约翰·罗特嘲讽财政部的方案"最多只能算是低能儿的杰作"。甚至连内政大臣威廉·怀特洛虽是撒切尔夫人的心腹，在这次内阁会议上也左右讨好，扮演墙头草的角色。经撒切尔夫人一手提拔为财政大臣杰弗尼·豪的首席政务次官的约翰·贝弗恩也在这一严重关头改变了信仰，公开跳出来反对撒切尔夫人。就业大臣詹姆斯·普赖尔在会上与撒切尔首相就工会改革问题发生了正面冲突。

这样一来，撒切尔首相几乎在会上成了孤家寡人，她发现自己并没有获得"六个以上男子"的支持。会上抨击的虽是财政大臣杰弗尼·豪，而无情的子弹却一颗颗地打在了撒切尔的身上。可以说，在整个阁僚中坚定地站在财政大臣杰弗尼·豪一边的，只有撒切尔思想的向导和挚友、工业大臣基思·约瑟夫和撒切尔夫人不久前提拔上来的利昂·布里顿两个人了。

面对众叛亲离的尴尬局面，撒切尔夫人极为恼怒。她在极力为财政大臣辩护的同时，表示决心要把这一方案贯彻到底，誓不

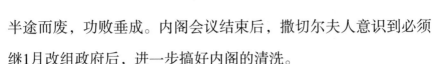

半途而废，功败垂成。内阁会议结束后，撒切尔夫人意识到必须继1月改组政府后，进一步搞好内阁的清洗。

1981年9月的第二次改组内阁，撵走或贬黜了大部分敢于与撒切尔首相作对的阁僚，提拔或调动了一大批与她信仰一致的僚属。这次政治上的大扫除对撒切尔夫人来说是一次具有战略意义的胜利。

改组后第一次内阁会议结束，这位"铁娘子"志得意满地对她的顾问说道："当主持一个多数人都站在你自己一边的内阁时，感觉是多不一样啊！"第二天的伦敦《泰晤士报》在评论这次改组时，指出改组打上了"首相本人的印迹和风格"，认为"她重新获取了政治优势并在她的政策中重申了她的信仰"。

9月改组的胜利固然使撒切尔夫人勇气倍增，信心陡涨。但保守党内威特派对"撒切尔式的革命"的顽强抵制远远没有停止。同年10月，在布莱克普尔保守党年会上，威特派和改革派又展开了一次大较量。

重炮轰击发自前保守党领袖爱德华·希思，他指责撒切尔夫人的经济政策使保守党陷入了近六七十年来最深刻的危机之中，"远比1938年慕尼黑事件和1956年苏伊士运河危机严重"。

改革派也毫不示弱，他们也一个个反唇相讥，财政大臣杰弗尼·豪甚至"以子之矛，攻子之盾"。他借用前首相希思在1970年保守党宣言中说过的话来予以反击："最近这些年，没有比无

休无止的出尔反尔对不列颠损害更大的了。某项政策一旦确定，首相及其同僚就应有勇气坚持下去。"

摊牌结果，威特派的"倒撒运动"虽然来势汹汹，咄咄逼人，但虎头蛇尾，有始无终。撒切尔夫人最终有惊无险，再获全胜。

总之，1981年是撒切尔夫人首相生涯中的关键一年。她经受住了巨大的精神压力，巧妙地化险为夷，终于闯出了一片新的天地。

树立坚持原则的国际形象

撒切尔夫人接手英国时，经济很不景气，她立下雄心大志一定要把英国经济从下坡路拉上来。

但是，作为一国的首脑，不仅要处理国内的事情，还要对国际上的事情，表明自己的立场。比如说，1979年发生的苏联军队侵略阿富汗事件，撒切尔政府不仅强烈谴责了苏联侵略，要求苏联军队撤出阿富汗，而且对苏联采取了经济制裁措施。

不仅如此，撒切尔政府还在伦敦主持召开了有美国、英国、法国、联邦德国、意大利和加拿大六国副外长级的阿富汗局势紧急会议；约集了42个联合国成员国，要求联合国安全理事会开会，敦促苏联立即从阿富汗撤军；并且同其他西方国家一道，对苏联实行"制裁"，停止英苏间高级往来和文化交流，决定不延长1975年签署的英苏低息贷款协议等。

撒切尔政府还响应美国政府的倡议，抵制1980年将在莫斯科

举行的奥林匹克运动会。

1980年年底，波兰发生了"团结工会"的罢工风潮，波兰政府发布戒严令，宣布实行军事管制。

这本是波兰的内部事务。但是，由于波兰处在比较敏感的地区，它的事态容易触动东西方关系的神经。所以波兰政府实行军事管制后，西方一些国家立即谴责波兰违反了"人权原则"，并且认为一定是苏联在背后指使的。

撒切尔政府也持同一论调。他们一方面发表声明说，这是波兰的内政，应由波兰政府和人民在没有外来干涉的情况下自己解决；一方面也在"人权"问题上抨击苏联和波兰，说如果苏联军队入侵波兰，西方就应采取"报复行动"。

阿富汗问题、波兰局势，加上早期的欧洲中程导弹绞在一起，使英国和苏联的关系骤然变冷，有舆论评论说，两国的关系如同回到了50年代。

但撒切尔夫人并没有把事情做绝，她还是保持同苏联的联系渠道，并从实力和利益出发，抓住每个机会同苏联进行谈判。

◀撒切尔夫人和她的政治伙伴美国总统里根

不久，英苏两国就在莫斯科不仅签订了新的文化协定，把原有的文化协定继续延长，而且还在伦敦恢复了部长级贸易谈判。

除此之外，英国政府还努力搞好同东欧其他国家的关系。

英美的"特殊关系"本是"二战"期间两国首脑丘吉尔和罗斯福建立起来的。1970年希思执政时宣称，英美已不存在"特殊关系"，只有"自然关系"，希思主张欧美之间建立"平等的伙伴关系"。

1974年工党执政，强调发展"传统的英美友谊和合作"。美国政府虽然并不多提英美的"特殊关系"，但是，对于英国不再这样提，特别是保守党的希思政府宣布不再提，是别有一番滋味在心头。

撒切尔夫人执政后曾于1979年12月访美；次年3月再次访美，同刚上任的里根总统举行会谈。她多次明确提出，美国是英国的"最主要的盟国"，认为西欧需要美国的核保护伞，"美国如果不留在欧洲，欧洲和自由世界就不可能得到很好的保卫"。

细心的人们可以发现里根和撒切尔夫人在政治上和气质上的相似点：他们都是货币主义的信奉者，都主张对苏联持强硬态度；而且，他们都是极右翼的政治家。

里根和撒切尔夫人基本上是在大西洋两岸的两个重要国家同时执政，他们的上台，壮大了保守主义的声势。

鉴于以上各种原因，所以人们说，撒切尔夫人恢复了丘吉尔

开创的英美"特殊关系"。

英国外交部的一大特点就是处理前殖民地或联邦成员之间的关系的。撒切尔夫人执政后立即解决了一个罗得西亚问题，由此诞生了独立的津巴布韦共和国。津巴布韦独立实现在撒切尔夫人执政任期，因而便成为撒切尔夫人的一项政治资本。

"大津巴布韦"位于非洲东南部，其意为"石城"，早在8世纪至10世纪，就已经有相当发达的文化了。

19世纪末，英国殖民者武装侵占了津巴布韦，并且把这里叫作南罗得西亚和北罗得西亚。从此，这里便沦为英国殖民地。

但是后来扎根在这里的白人殖民者变成了地头蛇，致使英国政府都控制不了。

这些地头蛇掌握了统治权，建立了最残酷的种族主义政权。他们对黑人施加极不人道的经济的和超经济的剥削和压迫，也对周围邻国实施武装入侵。

1965年11月，种族主义者扬·史密斯曾宣布"独立"，并于1970年3月改国名为"罗得西亚共和国"。

但非洲人民不承认这个"共和国"，因为它等于从法律上确定了白人统治。津巴布韦人民从它产生的那一天都抵制它。英国政府对此也持否定态度。

后来，当地人经过战斗产生了津巴布韦非洲联盟和津巴布韦非洲人民联盟。

他们打了好几年的仗，想要推翻史密斯政权，还向英国政府求援，向史密斯施加压力。后来，曾产生了穆佐雷瓦政权。它虽然是一个"黑人政权"，但是津巴布韦人民以及其他非洲国家都不承认它。

撒切尔夫人在竞选时曾许诺：一旦当选就解决这个问题。1979年8月，第二十二届英联邦首脑会议在卢萨卡举行，刚当首相不久的撒切尔夫人出席了会议。

英国政府根据这次英联邦首脑会议的建议，于9月10日在伦敦主持了津巴布韦有关各方代表参加的制宪会议。12月21日，与会各方签署了"罗得西亚"和平协议。根据协议，1980年2月27至29日进行了议会选举，穆加贝领导的民盟在选举中获胜，4月18日，一个新的独立国家，即津巴布韦共和国正式成立。

津巴布韦共和国的成立为撒切尔夫人树立了正面的国际形象，也为她处理其他外交事务奠定了良好的基础。

平息北爱尔兰动乱

北爱尔兰问题，一直是英国政府头痛不已的问题。北爱问题从20世纪60年代后期开始，到20世纪90年代后期止30年来在北爱尔兰的民族主义者社区和联合主义者社区的成员之间不断重复发生的激烈暴力冲突。

这种冲突缘由因北爱尔兰在联合王国内的争议性地位与对占少数的民族派社区的统治，以及占多数的联合派对民族派的歧视所导致。

暴力活动是由准军事集团进行的武装战斗，其中多数属于爱尔兰共和军临时派的战斗活动，目标旨在终结英国在北爱的统治与建立一个新的"全爱尔兰的"爱尔兰共和国。

伴随着暴力，北爱主要政党之间，包括那些谴责暴力活动的组织在内，在关于未来北爱尔兰地位与北爱尔兰政府构成问题上陷入了僵局。

1981年，在撒切尔夫人执政的第三个年头，北爱尔兰局势继续紧张。

　　7月29日，正当英国王储查尔斯王子和戴安娜公主在伦敦圣保罗教堂举行结婚典礼时，3000名罗马天主教徒上街游行，向北爱尔兰两个因绝食而丧生者的坟墓走去。

　　这些教徒祭奠的死者是一个叫罗伯特·桑兹的爱尔兰共和军成员。从1981年3月起，被拘捕在北爱尔兰首府贝尔法斯特梅兹监狱的爱尔兰共和军几十名成员举行了绝食斗争，要求政府给予"政治犯"的待遇。5月5日罗伯特·桑兹在持续绝食56天后死去。

▲撒切尔夫人在演讲

这件事把北爱尔兰动乱的局势推向高潮。

随着绝食的死亡人数达到10人，双方的对立情绪进一步激化，暴力袭击事件层出不穷，警方和示威者屡有伤亡。

这一天，威尔士的民族主义者和举着黑旗的一些威尔士青年在都柏林游行。在主要是天主教徒居住的贝尔法斯特西区，住户窗口挂着黑旗。这些游行者走到电视台门前，抗议电视台播放王储查尔斯王子和戴安娜婚礼的电视节目。

爱尔兰共和军由于是反对英国政府的武装组织，并长时间通过暴力活动实现政治诉求，故被许多国家视为恐怖组织。英国政府也放手对他们的暴力、暗杀活动采取了武力镇压手段。

桑兹死后，撒切尔夫人在一次保守党集会上说，"爱尔兰共和国临时派已经将他们罪恶的暴力行动从贝尔法斯特和伦敦德里的大街上以及阿尔马的原野上扩大到了监狱的牢房中。他们当中的一个成员选择了自杀，这是对生命的一种不必要的浪费。因为绝食者所谋求的那种政治地位是不会得到的。政府的立场是明确的，犯罪总归是犯罪，不管其动机是什么，杀人就是杀人。"

撒切尔夫人指出，如果要北爱尔兰实现"和平与和解"，就"必须对恐怖主义的挑战进行抵制和给予回击"。

作为对撒切尔夫人的回应，英国北爱尔兰事务大臣汉弗莱·阿特金斯也发表谈话说，这种通过绝食以取得"政治犯"地位的活动是"徒劳"的，英国政府绝不会妥协。

　　北爱尔兰问题是一个长期留下来的、各种矛盾纠合在一起的问题：民族矛盾和英国与爱尔兰共和国的矛盾，北爱尔兰内新教与天主教的矛盾剪不断，理还乱。

　　早在1980年12月，撒切尔夫人就曾就此问题专程访问了爱尔兰，并同爱尔兰总理查尔斯·豪伊举行了长时间会谈。

　　双方在此后的"联合声明"指出：

　　　　英国和爱尔兰人民之间的经济、社会和政治利益是不可分割地联系在一起的，目前在北爱尔兰所存在的分裂和不和，正在使这种关系的充分发展受到阻碍。

　　两国为给北爱尔兰的和平寻求新的途径，还特地成立了"英国—爱尔兰联合小组"。但这些举措依然不能阻止各种冲突的继续发生。

　　如今，北爱尔兰局势发展到这种地步，保守党和工党都拿不出解决的办法。

　　撒切尔政府除了用武力镇压外，继续坚持1973年公民投票的结果：北爱尔兰新教派居多数，因此投票结果是，北爱尔兰继续留在英国。

　　工党本来与保守党在此问题上的态度大同小异，从6月起，开始改变调子，而且意见各不相同。

工党议员艾卜瑟说："现在是承认北爱尔兰是我们的最后一个殖民地这一野蛮的事实的时候了，现在是我们沿着非殖民化的道路前进的时候了。"

艾东利·本则要求把英国军队撤出来，主张由联合国建立一个国际委员会，向北爱尔兰派遣联合国和平部队。

撒切尔夫人否决了艾东利的意见，她说，联合国解决不了塞浦路斯、黎巴嫩、中东和纳米比亚的问题，难道能保证北爱尔兰局势的稳定吗？

《每日电讯》发表评论说："把北爱尔兰问题交给联合国去解决，只能是刚果流血悲剧的重演。"

工党政策研究小组于7月初，提交了一个文件，坚决反对给予爱尔兰共和军犯人以政治地位，并建议工党支持北爱尔兰和爱尔兰共和国统一，但不主张英国立即撤军。

在多种意见纷杂的情况下，撒切尔政府表示，要坚持在不违反北爱尔兰多数人意愿的情况下解决问题。

8月26日，新当选的北爱尔兰共和军议员欧文·卡伦要求"紧急"会晤撒切尔夫人讨论犯人绝食一事。

但撒切尔夫人拒绝了，她回信要他去找北爱尔兰事务副大臣麦克·爱利生商议。

她在信中说："我高兴地看到，您作为北爱尔兰民主选举产生的选民代表正在通过外交途径来着手解决这些困难的问题。"

监狱的绝食者至10月，已饿死10人，至此，长达7个月的狱中绝食才宣告结束。

撒切尔夫人听到这个消息后大大地松了一口气。当时她正在澳大利亚参加英联邦首脑会议。

撒切尔政府随即宣布了改革北爱尔兰监狱的一系列措施。虽然仍不给爱尔兰共和军"政治犯"的地位，但犯人可以不穿囚衣，也可以在一定范围内"自由来往"。

由绝食而引起的北爱尔兰动乱，暂时缓和了一些。但问题远没有解决。这种时断时续的暴力冲突，已经持续了多年，不解决根源，问题永远难以真正解决。

审时度势再赢大选

当历史的时针定格在1983年时，撒切尔夫人就到了第一届首相任期行将届满，有必要考虑是否需要提前大选的时候了。

按照大不列颠王国的惯例，每届政府任期本当是五年，但鲜有任期届满才举行大选的时候。执政党一般都乐意抓住对本党最有利的时机，提前解散议会，宣布举行大选。

马岛战争的胜利，使撒切尔首相一下成了维护大不列颠民族尊严的象征，赋予了她不可一世的英雄形象，其声望如日方升。这对于一个政治家来说，无疑是一大政治资本。机不可失，时不再来。人们普遍认为这位"铁娘子"会审时度势，抓住转瞬即逝的大好时机，提前举行大选。

在英国，首相连任本属罕见。但对撒切尔夫人来说，蝉联首相权位，是势在必行的，因为这个职位"对我似乎是再合适不过的了"。

更何况，她刚刚顺利通过了所谓"福克兰"的严峻考验，现在则是检验她是否已在英国政坛牢牢扎下根的考试，检验她能否对抗国内政治斗争的风浪。国内经济已开始呈现好转的迹象。一句话，"铁娘子"倡导的货币主义政策已初见成效，经济复苏的前景乐观，现在该是充分利用大好形势的时候了。

　　果然，撒切尔夫人于1983年1月初，在她那乡间别墅契克斯与几位内阁亲信会商已被媒体掀起来的大选问题。这次会商不仅研究了大选的日期问题，而且讨论了与大选有关的所有细枝末节。至于大选的时间，她的亲信们虽然提出当年的6月和10月或1984年的5月，但普遍认为6月可能是最佳的大选期。

　　正当撒切尔夫人开始酝酿大选日期的一星期后，她却和丈夫丹尼斯·撒切尔在英国占有马尔维纳斯群岛150周年这一天乘坐飞机，历经23个小时的漫长航程，风尘仆仆地秘密飞抵该岛，进行所谓"巡视"，看望岛上英国守军。

　　经过8000英里漫长而又

▲撒切尔夫人

十分冒险的飞机旅行之后，首相夫妇迅即神采奕奕地深入岛上的英国臣民和驻防英军之间，谈笑自若，慰勉有加。这些军民骤见儒雅可亲的大英帝国首相，不由欢呼雀跃。岛上举行了隆重而又十分热烈的欢迎场面。

撒切尔夫人在巡视刚刚遭受战火洗礼的马岛时，头发和衣服在海风吹拂下显得凌乱不整，更加突出了这位首相日理万机的操劳和表露了她对远离国土的守岛军民的爱心。在闪闪的镁光灯下，留下了一张张珍贵的历史镜头。

"铁娘子"面对一大批群众，不由振臂高呼："我们有时会觉得历史发生在他人身上，不料我们却蓦然发现我们正在这个岛上创造历史。"她的讲话无疑引发了一阵阵雷鸣般的掌声。

其实，撒切尔首相不远万里，不惮风险，不辞辛劳，跑到遭兵燹之灾的福克兰群岛来，是有其如意算盘的。她不仅要为自己捞取政治资本，提请国人注意她的高瞻远瞩和勤政业绩，而且要把这场战争的胜利果实铁定下来，并为英国在它那影响极为有限的拉丁美洲找到一个象征性的落脚点，重振这个一度"统治过四分之一世界的民族"的余威。

通过"巡视"马岛，撒切尔首相实际上拉开了1983年英国大选的序幕。但是，这时的撒切尔夫人已远非昔日可比，她在竞选策略方面已锻炼得炉火纯青，她的斗争艺术也日臻成熟了。

首先，撒切尔夫人不明确宣布大选的确切日期。1983年2月

19日，首相的高级顾问放出了一点口风，说撒切尔夫人希望大选于当年的6月份举行，而对确切日期却始终讳莫如深。

这使反对党工党和其他几个小党既困惑又恼火，因为大选日期不明不白，他们将很难投入冲刺，难以把握竞选活动的节奏，不能在大选前夕制造声势，力争达到最佳最理想的效果。可见，在野党对此却只能在一旁干瞪眼，无可奈何，因为决定大选日期的权力完全操纵在执政党手里。

4月15日，撒切尔夫人在她的电视讲话中仍对大选日期闪烁其词。但是紧接着，撒切尔夫人在电视讲话中却为自己的政府评功摆好，系统地列举了她执政四年来的十大政绩。

这就是：加强了国防力量，并为加强北约作出了贡献；促进了集体的欧洲；维护了法律和秩序；通货膨胀下降到了5%；压缩了公共开支；推行了私有化政策；削减了工会的权利；提高了工业效率；让更多的人拥有住房；退休金增长率超过了通货膨胀率。

撒切尔夫人4月15日的电视讲话，实际上也就是一次名副其实的竞选演说。这次讲话经电视传播开去，工党领袖迈克尔·富特心有不甘，便奋起反驳，于当天晚上在他的选区埃布维尔工党会议上进行了毫不留情的抨击，针对撒切尔夫人曾经承诺要解决或改进却又未得到解决或改进的7大问题作了揭发，认为她执政4年来犯了7大错误。诸如失业人数剧增、赋税加重、医疗费增

加、警察额外开支激增而犯罪率上升、小学缺少课本等。

虽然这时的撒切尔夫人对大选的确切日期仍迟迟不予宣布，但4月15日两大政党领袖你来我往、互不相让的言论，其实已打响了英国大选的开台锣鼓了。紧接着，4月19日议会开会，撒切尔首相出席答辩。在撒切尔首相特定的15分钟的答辩过程中，整个议会大厅吵吵嚷嚷，淹没了首相的发言。

在议会中，工党副领袖、前工党政府财政大臣丹尼斯·希利的嘲讽激恼了撒切尔夫人，这位"铁娘子"当即反唇相讥，一迭连声地大声反驳："这么说，你们是害怕选举了？害怕了，害怕了，你们吓坏了，你们不敢参加选举，你们经不住选举的考验。"

这时，她也顾不上首相的尊严和仪态了，台上台下吵得沸沸扬扬，两党议员互相嘲骂，你来我往，好不热闹。尽管议长喊破喉咙，要求大家安静下来，也徒然白费，无济于事，撒切尔夫人的声音已淹没在一片叫喊声中。

1983年的4月下旬，已到了撒切尔首相当机立断，下定决心的时候了。5月8日，她在乡间别墅契克斯召见高级顾问，讨论大选的确切日期问题，讨论后宣布，大选定在1983年6月9日举行。大选日期敲定前，撒切尔首相按照传统，前往白金汉宫请求女王解散议会，并决定新议会定于6月15日举行会议。

在接受记者采访时，这位女首相对大选结果表现出谨慎乐观的态度。她在谈到她的政府在过去一届任期内所做的工作时，曾信心十足地说："我认为，在本届政府执政期间，这个国家在国内恢复了它的信心和自尊心。我认为，我们在国外之所以得到尊重和钦佩是基于两件事实：一是因为我们选择了正确的政策，另一是因为我们坚持奉行了这些政策。"接着，她又顺理成章地补上了一句："要求人民重新予以授权历来并不是什么坏事。"

在这里，"铁娘子"发出了"重新予以授权"的呼吁，既在很大程度上表现了这个女人的"铁"质色彩，也表达了她对大选的坚定信心。

现在，大选前的总体形势，对撒切尔夫人和保守党确实十分有利。这是不容置疑的现实，无怪乎美联社记者评论说，民意测验表明，撒切尔夫人参加竞选的地位比第二次世界大战以来任何一个政党的领袖都要强而有力。合众国际社甚至评论说，撒切尔夫人是自丘吉尔以来最强有力、也是最有争议的首相。

撒切尔夫人经过1979年的拼杀，已经深深懂得了一条真理："选民对政党的拉票活动很快就会感到厌烦，重要的是不能让高潮来得太快，最理想的是在大选前的最后几天造成持续增强的效果。"这表明"铁娘子"的竞选艺术已渐臻炉火纯青的地步了。

保守党采取的是"后发制人"的策略，5月18日，保守党发表了题为《保守党1983年宣言》。在这份《宣言》中，撒切尔夫人并没有作更多的新的承诺，而只是用温和的语调重申了她的政

府4年来所奉行的各项政策，从而与工党宣言的走极端和过于偏激的形象恰成鲜明的对照。

这时，撒切尔夫人已不局限于笔战了，她要以自己的雄健辩才和紧张的竞选活动来争取选民对自己的认可和赞同。这一着也确实奏效，使工党措手不及，招架不住。

这位"铁娘子"先是向选民摆出了一通大道理，以便进一步宣扬执政党所取得的成果，大谈选民们在现实生活中看得见、摸得着的种种实利与好处。

对于反对党极力攻击的失业问题，她也不加回避，只是用事实来说话。撒切尔夫人一针见血地指出，失业是新旧交替的产物，是难以避免的，从而从根本上否定了失业问题与她推行的新经济政策有关。

她还向采访她的新闻界人士指出，现时英国的失业大军将会很快在迅速发展的服务业中找到工作，一些企业倒闭，另一些行业兴起，这本是现代市场的普遍发展规律。

接着，撒切尔夫人以采矿业为例，说她刚步入政界时，英国的矿业工人多达70万，如今只有20万人了。"铁娘子"于是问道："让原有的50万工人重新回到原先的采矿业中去，难道就能振兴采矿业吗？"

形象化的比喻和大道理的说教固然要大讲特讲，讲足讲够，但是撒切尔夫人深知，光是这样还是不够的，老生常谈的话多了，选民们听了会感到腻烦。她于是采取反守为攻、先发制人的策略，即以其人之道还治其人之身，攻击对方的痛处和要害。

1983年5月19日，撒切尔夫人在自己的芬奇莱选区作第一次竞选演说时，抢先在失业问题上向工党发起进攻，以子之矛，攻子之盾。在这篇长达50分钟的演讲中，这位"铁娘子"先是条分缕析，详尽列举保守党政府四年来的成就，然后话锋一转，突然向工党发起猛烈攻击："现在，让我们瞧瞧工党都有哪些业绩。"

"叫他们找一找看，战后有哪一届工党政府下野时的失业人数会比他们上台的时候少？一届也没有。工党的现任领袖、当年专管就业的国务大臣，在短短的两年内就使失业人数从61.8万猛增到128.4万，几乎翻了一番。那时他没有什么'灵丹妙药'可以起死回生，现在就更是没有了。"

"主席先生，每一届工党政府都向人民许下诺言，什么要减少失业人口啦！可是事实上，每一届工党政府都在使失业人口不断增加。那么，要是再来一次工党执政，类似情况还会照样发生的。"

这次演讲的效果极佳，很多话打动了选民的心，听众的热烈鼓掌和大声欢呼即可证明。这说明撒切尔夫人的竞选艺术正在飞速长进。

1983年5月23日，撒切尔夫人又鼓起勇气，率领她的竞选班

子风尘仆仆地赶到威尔士首府卡迪夫，向选民们发表她宣布大选之后的第二次重要演说。

在演说中，这位"铁娘子"一手拿着一本工党宣言《英国的新希望》，从选民最关切也是最熟悉的个人存款问题为起点，在卡迪夫市政厅侃侃而谈，抨击并分析工党的经济政策，而且绘声绘色，刻意给这种经济政策披上一袭恐怖的外衣。选民们屏气凝神，瞪大双眼瞅着这位夫人。

只见她不紧不慢、神色自若地说道："听说工党影子内阁的一位成员形容这本书是'有史以来最长的一份自杀状'，我可以奉告诸位的一点是：假如英国人民都在这份宣言上签了名的话，那它就成了英国的自杀状了。"

在作了这么一段听了令人毛骨悚然的开场白之后，"铁娘子"便单刀直入，深入浅出地剖析工党的宣言，从而给它判了"死刑"。好一通鞭辟入里的分析，好一篇耸动视听的演讲！

撒切尔夫人真不愧为在二十多年英国政坛上拼杀出来的干将，她善于出奇制胜，攻心为上，语言之犀利，用词之不凡，蛊惑之高超，警劝之深刻，都令人叹为观止。

在重点攻击工党《宣言》中的失业和国有化问题之后，撒切尔夫人又趁热打铁，对工党宣言中的主张退出欧洲共同体、削减防务开支、单方面核裁军和工会政策等方面逐一抨击，把它们批驳得体无完肤。

在竞选活动第二周，撒切尔夫人又率领她的竞选班子对英格兰北部进行了旋风式的访问。她在走访了众多工厂、商店、疗养院、医院和学校之后，晚上在约克市的皇家大厦对人山人海的选民和记者作了重要讲演。

在这次大选中，保守党和工党都大造舆论，纷纷请广告公司来为自己发动凌厉的攻势。保守党请来的是1979年保守党赢得大选的形象设计师戈登·里斯。

里斯在这一方面堪称高手，他不仅在竞选的服装类型和头巾颜色上给撒切尔夫人提出了不少好的建议，而且动用了现代化的一切传媒手段，来塑造选民喜爱的领袖个人形象，收到了至佳至善的实效。

正当英国国内的竞选活动进行得如火如荼之际，国际上也传来了支持撒切尔夫人的强大声音。

1983年5月28日至29日，西方七国首脑会议按原定日程在美国弗吉尼亚州威廉斯堡举行。出席会议的有美国总统里根、法国总统密特朗、德国总理科尔、意大利总理范范尼、加拿大总理特鲁多和日本总理大臣中曾根康弘。

考虑到英国大选正当紧张时刻，里根总统于5月10日曾致函撒切尔夫人："我非常希望你在大选中获胜，从而赢得另一届任期，以贯彻你已经开始的富于勇气和坚持原则的政策。"信中表达了大洋彼岸"特殊关系"的盟友对这位"铁娘子"的最良好的

祝愿。

5月28日和29日，恰是周六和周日，"铁娘子"的竞选班子总算捞到了一个好不容易盼到的喘息时机，因为撒切尔夫人决定如期参加例行的七国首脑在美国威廉斯堡举行的会议。

她于28日中午从英国起飞，于美国时间下午到达目的地，会议完毕，于29日午夜再搭乘英国航班飞返伦敦。撒切尔夫人风风火火，一刻不停地在与时间赛跑。

撒切尔夫人毅然与会，其实是变换手法的竞选方式，不仅没有耽误她的竞选，反而为她竞选活动注入了勃勃生机，增加了新的活力。她不仅为个人形象镀上了一层黄灿灿的金光，而且与会的各国首脑对"铁娘子"颇多赞誉。

撒切尔夫人从美国一回来，立即带着征尘，继续投身于竞选的鏖战中。5月31日，她在深谋熟虑之后，又率领她的竞选班子北上苏格兰，发起一轮新的攻势。

撒切尔夫人在二十多年英国政坛的拼杀中，已练就了一副如簧的巧舌，伶牙俐齿，说长论短，半句也不饶人。有时又难免来个即兴表演，插科打诨，甚至掌握火候，恰到好处地使用诙谐语、幽默话，来调动群众的视听神经，在众人捧腹大笑声中不知不觉地塞进了自己的政见和希求。她那演讲技巧之精湛，已绝非昔日的牛津女大学生和刚踏入仕途的中青年演说家所能比拟的了。

1983年6月9日，英国大选的投票日到了。撒切尔夫妇一大早就赶去投票站投了票，以免去晚了，人们围观，影响投票进程。投票回来后，撒切尔夫人这才坐在家里，吃着她竞选以来的头一顿家常早点。

1983年6月10日，大选结果揭晓，保守党以压倒优势赢得了胜利，获得397席；工党209席；自由党17席；社会民主党6席；其他各党派共得24席。这样，撒切尔夫人领导的保守党不仅取得了1983年大选的胜利，而且以绝对优势取得了对下院的控制权。这样，撒切尔夫人终于如愿以偿，迎来了连任首相的这个美好的一天。

正如此前她对一直跟随她采访这次大选的女儿卡罗尔·撒切尔所说的："因为这个工作很适合我。我向来习惯于努力地工作，如你所知道的，拼命地去干。不过还远不止这些，我喜欢这个工作，而且这个工作也适合我做，再说，我喜欢这项工作远胜于喜欢做别的任何工作。"

为了把话说得更明确、更透彻，撒切尔夫人接着又补充说：

因为那是我在这个世上最乐意干的工作，而且我认为我对这一职务还会有所贡献。我认为，从对付潜在的敌手或介入世界舞台的观点看，积累起来的经验是非常重要的。

　　我认为，如果你执政时间较长，那对英联邦会议和七国经济首脑会议是有益处的。

　　撒切尔夫人在这次访谈中，除津津乐道她对蝉联首相一事"情有独钟"之外，还不无得意地谈到了这次大选的结果。这位"铁娘子"说道："我认为，人民更喜欢我们已有的这个强有力的政府，喜欢它要走向一个特定方向的决心。我想他们明白现政府是正确的，再说，他们内心也觉得沿着这个方向走下去是对的。"

创造"三连冠"奇迹

撒切尔夫人善于以卓越的战略眼光把握机会，蓄势待发，将斑斓的事业从一个高峰推向另一个高峰。

毫无疑义的是，她对待竞选也正是本着不断地与工党顽强争夺这一准则行事的，"使工党作为一支选举力量从英国政治中消失掉。"

撒切尔夫人的抱负是，在战后的新时期做丘吉尔没能做的事，竭尽全力，把工党执政时实施的福利国家政策和影响"推回去"，用"新保守主义"的政策拖垮工党。因此，撒切尔夫人大力推进同工党的斗争，正是为了推行自己的政策。

1987年5月11日，经过长达一年多的酝酿和准备，撒切尔首相决定把1988年应届大选提前到1987年6月11日举行。按照惯例，女王于同日将大选日期谕知全国人民。

不难看出，撒切尔夫人敲定的大选日期是十分适时的。想当

年，她利用福克兰群岛胜利的声浪，不失时机地突然宣布提前大选。结果，"铁娘子"心想事成，第二次连任首相成功。

这次虽然撒切尔夫人缺乏战胜者那如日中天的威望，但国内经济形势的持续好转和在国际舞台上那十分活跃、牵挽三方的大国领袖形象，确实为她创下了异常有利的条件。

20世纪80年代以来，英国的经济情况确实有了举世瞩目的重大转机：国内的经济增长率是2.6%，英镑走势稳中有升，股价一直上扬，利率开始下降，通胀率几年来基本控制在3.9%左右，制造业形势大好，购销两旺，生产率的提高居西方各国之冠。

经济情况明显改善，就业者的实际收入平均增长了4.2%，国内市场上出现了"借贷繁荣"到"消费繁荣"的双喜场面。英国政府于1985年至1986年财政年度的税收总额超过了上一年度的8个百分点，私有化政策为政府广开了财源，净增了50多亿英镑。

总之，从1982年起，英国经济摆脱了"低谷"徘徊的怪圈，其增长速度超过了法国、意大利和联邦德国，仅次于远东的日本。

尽管经济发展还存在着一些负面因素，诸如：失业人数始终居高不下，全国维系着三百多万的失业大军；制造业虽然欣欣向荣，但仅占国民生产总值的百分之二十；南富北贫，国家经济的发展颇不平衡等。

但是，从发展情况来看，撒切尔夫人在第二任首相期间的总的经济形势的确是逐年看好的。

在国际舞台上，撒切尔首相以其精明和胆识拓宽了英国的活动空间，尤其是以其直来直去、不屈不挠的外交风格，在欧美苏三方关系中扮演了一名独特的和不可取代的沟通与协调角色，发挥了新时代中不同凡响的影响。这是自丘吉尔以来，任何其他首相都是做不到的。

▲撒切尔夫人

早在1986年保守党在伯恩茅斯举行的年会上，撒切尔夫人在准备演讲稿时，就着眼于来年的大选而颇费精力。她对自己的幕僚说："我必须总结以往历次演讲，但又不能简单地加以重复；我必须提出一个能在下几个月中燃起人民心中希望之火的主题。"

什么才是"燃起人民心中希望之火的主题"呢？其实，这个主题也就是在大选中锁定的基调。

经过撒切尔夫人的仔细斟酌及其同僚们的精心设计，最后商定了两个核心主题：其一是全面讲深讲透保守党经济政策所结下

的硕果，即国内经济的逐年繁荣；另一是坚持英国要有自己独立的核武库，猛烈抨击工党的片面核裁军政策。

进入1987年后，英国国内的竞选气氛日益浓重。但保守党正式拉开竞选架势则是在当年的5月15日之后，即在宣布全国大选的四天之后。

为了有效地推动大选工作的顺利进行，撒切尔首相于5月23日成立了"一级策略组"，把前两次大选中与她一道战斗过的亲信和高参们召集来，开了个"紧急会议"，制定了有关"控制这次大选局势"的策略。

5月24日，撒切尔夫人终于找到了大选中的头一个突破口，因为这一天工党领袖金诺克在一次早间电视谈话中说漏了嘴。他说面对苏联武器的威胁和核恐怖的阴影，英国别无选择，只能用游击战来抵御。

于是保守党立即抓住他的这一失言，不失时机地展开了火力凶猛的攻坚战，从而扭转了前一阶段竞选时两党相互拉锯的局面。

撒切尔首相进一步阐述她在上一年保守党年会上演讲的核心主题之一，用密集火力攻击工党的无核防务政策，把它发挥得淋漓尽致。

这位"铁娘子"痛斥了工党的防务政策是"向苏联摇白旗的政策"，指责"工党的英国将是中立主义者的英国，这恰恰是40

年来苏联蓄意谋求的最大利益"，金诺克将使苏联轻易得手，"不费一枪一弹就能得到它"。

为了营运对策，变被动为主动，工党于5月28日随即转换辩论主题。他们把火力集中在人身攻击上，企图从这里打开缺口，来贬损撒切尔夫人的人品。

金诺克攻击撒切尔政府压缩公共开支，造成社会福利经费的不足，以致某些与人民利益息息相关的医疗保健、教育和公共交通等部门的服务质量下降，他抓住这些事实大做文章，攻其一点，不及其余。

他们挖空心思，终于找到了一名手疾患者，此人去年夏天不幸罹患的手疾与撒切尔夫人的手疾完全类似，但首相的病很快就给治好了，而这一平民却还在耐心地等候动手术。

按照预订计划，工党准备在大选将剩下一周多一点时间内就这一问题对现任首相大兴问罪之师，给她的"仕宦人格"进行一次大曝光。不想工党的这一招反而弄巧成拙，在这次大选中，这些鸡毛蒜皮的事似乎引不起广大选民的兴趣，反而招致了他们的反感。

选民们最关注的，是未来首相人选的个人魅力、国内政绩和国际形象，而这三方面撒切尔夫人都兼而有之，而且高居榜首，因而工党这"黔驴技穷"的最后一招，也只落得个"无济于事"、掀不起大浪的结局。

针对工党的这一人身攻击，撒切尔夫人闻讯后，虽然十分恼怒，但从大选的这一"大局"出发，她还是强忍在心，不予计较。但是，在爱丁堡的一次集会上，"铁娘子"总算找到了机会，她要"后发制人"了。

她在集会上大声疾呼：

> 工党正打算使用人格攻击，这确是一个不错的方案。可人格攻击代替不了政策，它只能暗示对方慌成一团。不管怎样，这种攻击对我毫无影响。
>
> 恰如杜鲁门所说："如果你受不了热度，那就请离开厨房。"主席先生，经过了8年热炉的历练，我想我完全可以说：我将能更全面地把握和协调，这个热度我也完全可以忍受。

选民们从"铁娘子"的这次演说中不难看出，她那政治家的宽博胸怀和高瞻远瞩的战略眼光，其实这也是对工党避其锐气，击其惰归的策略。

至于在国际舞台上的形象，金诺克如与撒切尔夫人相比，那就更是小巫之见大巫，不可同日而语了。同在1987年，撒切尔夫人的国际"造势"，就比金诺克要辉煌、有力得多。

撒切尔夫人访苏和随后的访美，都清晰地凸显出她那"世界人物"的光圈。

与撒切尔夫人在这一系列出访所赢得的"满分"相反，金诺克也曾去美国推销他那"无核防务"，结果受到了冷遇，美国总统里根也仅"礼仪式地"接见了他半个小时。

总之，1979年以来在国际舞台上的成功表演，赋予了撒切尔夫人更为有利的条件，为她在即将到来的大选角逐中大吹了"东风"；相形之下，工党领袖金诺克只能敬陪末座了。

在西方民主政治和经贸发展中，舆论传媒一直起着不容低估的作用。撒切尔夫人自1979年执政以来，对新闻界始终十分重视。在第一届首相任期内，她曾将英国的几家大报编辑名单呈给女王，希望为他们晋升爵士封号。

平时，"铁娘子"也很注意与报界保持良好的关系。因此，在面临大选的关键时刻，报业托拉斯和电视频道就都站到了现职首相一边，给了她以最密切的配合。这一切，对撒切尔夫人赢得第三任首相大选的胜利起到了举足轻重的作用。

经过紧锣密鼓的对垒双方的拼杀后，保守党显然雄踞上风，取得了民意测验中的稳定优势。

1987年6月11日，英国大选结果揭晓：保守党在下院的650席中夺取到了375席的多数，虽说比上次大选的1983年减少了43席，但还是一马当先，独占鳌头。

在大选结果揭晓的那天早晨，撒切尔夫人和她的丈夫丹尼斯

双双出现在保守党总部大楼的正面窗口。

在窗外欢呼人群的众目睽睽下，喜出望外的"铁娘子"从窗口伸出右臂，叉着三个手指，向欢呼雀跃的支持群众致意，表示这是"第三次连任"。楼下群众报以雷鸣般的掌声，"又一个五年"的欢呼声也如春雷滚滚，响遏行云。

与撒切尔夫人欢庆胜利的同时，工党领导人金诺克不得不承

认自己业已败北：工党在这次大选中只拿到了229席。在好不容易熬到的五年一度的逐鹿中，又只好眼巴巴地屈居在野党的地位了。

不过话虽这么说，工党也不是毫无得分可言。他们在苏格兰和北方的其他地区却获得了显著的进展：比起1983年那一次的大选，这次总算是个赢家，也就是说多得了20席。金诺克在聊以自慰之余，不无苦涩地表示，在英国南富北贫的"分裂鸿

◀和丈夫一起向民众致意

沟"显得更深更大了。

在1987年的英国大选中，输得最惨的当是社会民主党和自由党组成的联盟，他们一共只获得了22席，令两党领袖欧文和斯蒂尔大失所望，至为震惊。特别是社会民主党的败绩在英国人眼中至为醒目。

6年前，社会民主党的"四大天王"欧文、威廉斯、詹金斯和罗杰斯刚从工党中分裂而出时，曾经不可一世，大有气壮山河、一主沉浮的气概。

那时，撒切尔首相的政局不稳，党内派系倾轧，内部团结很成问题；而工党刚刚在大选中遇挫，一蹶不振；那时，新生的社会民主党与自由党结成联盟，使人耳目一新，认为他们作为一股代表"中间势力"，有希望把保守党中的左翼人士和工党里的右翼分子团结在自己的麾下，向英国几百年来先是托利党和辉格党，紧接着是保守党和工党两党并峙的一统天下，发起史无前例的猛烈冲击，因而给人的印象似乎是"三党体制"取代"两党体制"的时候了。

由于对大选具有必胜的信心，所以撒切尔夫人在大选前夕反倒泰然自若，显得不把大选当作压倒一切的中心大事来抓，因而照旧忙她的国际事务。

就在大选前夕，撒切尔首相还是参加了西方七国首脑会议。会议还没开完，她就急着赶回伦敦迎接选举的结果。大选一完，

"铁娘子"当即宣布内阁名单，又风风火火地赶回布鲁塞尔开会去了。那里正期待着她在欧洲共同体的财政摊款问题上作出和解的姿态。

这样，在1987年的6月中，撒切尔夫人不仅创造了一大奇迹，成了英国一百五十多年来第一位连续赢得首相宝座"三连冠"的人，而且在西方七国首脑会议和布鲁塞尔欧洲共同体会议上大出风头，使参与这两个国际会议上的男士也不由肃然起敬，对她那女性的魅力、巾帼的意志和首相的智慧大为倾倒。

1987年英国大选才揭晓几小时，她就在唐宁街10号的办公室里接见了第一位外国记者，即美国《时代》周刊驻伦敦办事处主任克里斯多夫·奥格登。

"铁娘子"着重谈到了两点：

一是国内方面将在第三届任期内继续推动"私有化"政策向纵深发展，要使在私营企业工作的人都能享有购买本企业股份的权利，使"每一个挣钱的人都成为产权人"；

二是国际方面将在第三届任期内继续奉行亲美政策，因为她"倾向于把美国看作大西洋彼岸的欧洲"，因为她赞赏"美国人民的慷慨和他们对自由的热爱"。

当奥格登问到她"是否在考虑第四次连任"时，她的回答是："四五年以后会是个什么样子，我还拿不太准。"表示"要把在选举中提出的政策付诸实施。"

当奥格登问到她希望人们如何"评说"她时，撒切尔夫人的答复是："希望人们说，我们有勇气处理其他政府绕开的问题，并且因此而把一个走下坡路的国家变成一个能再度为自己的创业精神而自豪的国家，变成一个可以信赖的盟国和有影响的民族足以引为自豪的国家。换句话说，我们使英国重新恢复了活力。"

在这里，撒切尔夫人为自己勾勒了一个宏伟的蓝图。要实现这一宏伟蓝图，撒切尔夫人还必须准备走一段漫长的道路：她还要再接再厉、寸步不让地同工党对着干，用她的话说便是"使工党作为一支选举力量从英国政治中消失掉"；她还要继续限制英国工会的活动，通过进一步立法，规定工会领导人每隔五年以无记名投票方式改选一次，并建立专门机构来管理工会。

第三次入主唐宁街10号的撒切尔夫人在一阵欢呼声浪过后，有理由为自己的宏伟蓝图而自豪：她觉得在这个多事的地球上，还有很多事情等着她去做，还有不少的挑战等着她去应付。

从1975年她当选为保守党的领袖算起，到1989年，她作为一个全英国和世界级的政治家已整整11年了，而1988年又是英国经济自1981年5月处于"低谷"之后，进入持续增长的第八年。

在英国历史上，恐怕没有人比撒切尔夫人创造了更多的第一。她是英国保守党这块"男人的天地"里的第一位女领袖，是英国历史上第一位女首相，而且是创造了蝉联3届、任期长达11年之久纪录的女首相。英国自19世纪初叶利物浦勋爵连任三届共

15年以后，再没有任何一位首相有如此之长的执政时间。

撒切尔夫人是英国历史上第一个以所推行的一套政策而被冠之以"主义"和"革命"的首相。英国历史上伟大的人物丘吉尔也稍逊色。

第三次蝉联首相一职之后的第二天，撒切尔夫人去了白金汉宫，向女王呈上了新内阁成员的名单。几位主要大臣依然留任，他们是财政大臣奈杰尔·劳森、外交大臣杰弗尼·豪爵士、内政大臣道格拉斯·赫德和国防大臣乔治·扬洛。

组建新内阁之后，撒切尔夫人又着手执行她那雄心勃勃的第三任首相期间的重大使命了。

第四章 铁腕娘子

在政治上，如果你只想闲聊，听听
典故，那么你可以去找男人，但如果你
真想干实事，你就该去找女人。

——撒切尔夫人

成功组建影子内阁

　　早在第一次当选首相时，撒切尔夫人第一项任务是组织影子内阁。影子内阁指实行多党制的国家中不执政的政党，也叫预备内阁、在野内阁。它往往由下议院中最大的反对党领袖，物色下院中有影响的本党议员，按内阁形式组建而成。

　　这种制度于1907年由英国保守党领袖奥斯汀·张伯伦首创，后为一些英联邦国家所采用。实际上，在世界上很多国家，"影子内阁"早已成为一种政治惯例。

　　撒切尔夫人在下院反对党领袖的房间里会晤了议会督导员汉弗莱·阿特金斯。他是一位可爱可塑之人，作为议会督导员，他见多识广，要委以高级政治任命，这种特质真是太重要了。

　　撒切尔夫人告诉汉弗莱，虽然她自感对有些人有某种人情债，但她并不想全部撤换原班人马。要维持党的团结，就必须让它有足够的连续性。

然而，他俩谈得越多就越是发现所有其他安排都取决于特德，各种报纸都已经在说特德无意供职。撒切尔夫人曾打算当晚就去看他，可思来想去还是觉得由汉弗莱先出马更好些。

在另一个时间里，撒切尔夫人还是乘车前往特德的住宅亲提此事。特德正坐在书桌旁，他没有起身。而撒切尔夫人没等让座就坐了下来。无须客套，她能猜到他对近期事件及他本人的看法。

撒切尔夫人问他是否愿意加入影子内阁，但没有提具体职务。他说不，他要当后座议员继续干下去。谈话实际上就此结束了。

至此，撒切尔夫人已经做到了仁至义尽。当她离开特德的书房时，时间才只过了五分钟左右。撒切尔夫人回到下院告诉了汉弗莱·阿特金斯，特德确实不想加入影子内阁。

接着，曾在领袖竞选期间任党的代理领袖的罗伯特·卡尔希望见到新首相撒切尔夫人。他明确表

▲撒切尔夫人

示说，唯一愿意接受的职务是影子内阁外交大臣。

撒切尔夫人说她不能下这样的保证。理由之一是她不愿在充分考虑整个班底的构成之前先被捆住手脚；她还没有肯定影子内阁中是否确实会有罗伯特·卡尔的一席之地。

但撒切尔夫人想，一定要有威利·怀特洛。他的声望已在领袖选举中展示出来。他极富经验，有他在，就能使很多后座议员确信，当今的主流是渐进而不是革命。虽然撒切尔夫人当时还不能给这个人提供具体的职位。

当撒切尔夫人走进大厅时，她听见有人叫嚷："亲一个，马吉！"即玛格丽特的昵称。

撒切尔夫人坐在了前排。她接受了前首相罗德·威尔逊机敏中含刺的祝贺，而她的答辞却少有睿智。

撒切尔夫人一边听一边思索，作为一个经历了动荡而且还存在着严重分歧的党的领袖，作为一个在这个喧嚣、纷杂的男人世界中奋力争取主导地位的女人，她能料到未来将是困难重重。

这天晚上，撒切尔夫人首次主持了影子内阁会议。会场有一种略欠真实的气氛，因为在座的人都还没有受到重新任命，且有的人已不会再受任命了。大家应有的礼节，标志着人与人之间实现了一种不解除武装的休战。

在接下来的几天里，撒切尔夫人作为领袖，她的时间全部用于会见记者和商量有关她的办公室安排事宜，还办理了那些拖延

已久的选区公务。很少有机会与汉弗莱和威利坐下来讨论影子内
阁人选的事。拖延总是引起人们的猜疑。

撒切尔夫人作为领袖总是想用周末做最终的拍板，如在福拉
德街制定名单，同时也与汉弗莱和威利合计某些具体问题。

星期一，撒切尔夫人在她的下院办公室里，通过一系列与同
事们的会晤而确定了任命。她向前任议会督导员威利简要地介绍
了情况，其中包括权力下放问题；请基思·约瑟夫继续在影子内
阁中负责政策与研究。从某种意义上说，这两个人是两位重要
人物。一位是政策上的臂膀，另一位是领导班子里决策方面的
智囊。

撒切尔夫人对于影子内阁的其他的任命，其在战略上的重要
性要小些。

24小时之内，撒切尔夫人将任命工作暂告结束，次日，她处
理了一些其他公务。她接见了达福特德选区候选人、后座议员中
顽固的批评者彼得·沃克。

在同随后走进办公室的杰弗尼·里彭商量了一阵后，她确信
他不愿任职。

然后，她又见了曾任影子内阁住房大臣的尼古拉·斯科特。
接下来，她又转身去同罗伯特·卡尔进行了一番耐心的交谈。

组建影子内阁是一次相对成功的行动，因为当时撒切尔夫人
的地位还不够稳定，又需要在影子内阁中反映出一种能团结全党

的意见平衡。

　　它标志着一支赞同新首相自由市场经济观点的财政班子形成了，从而把影子内阁思想的天平总体转移到了自己这一边，而且使那些人效忠于新首相成为合情合理的事。

　　撒切尔夫人感到，她能期望得到这个领导集体支持，但她也知道，现在还不能认为已经一统天下。

着手改革掌控政治机器

英国保守党资深政治家斯温顿勋爵曾说过这样一句话："先钻入这部机器，无论级别多么卑微。"撒切尔夫人作为这部机器的主导部件，在立足未稳时，对这句话自然不得忘记。鉴于此，她上任伊始，就立即着手去控制这部机器。

首先，撒切尔夫人决心要改革保守党中央总部。根据党章规定，中央总部是党的领袖的办公室。撒切尔夫人认为，中央总部主席应是高效率的管理者，一位最好能与商界有关系的人，一位忠实于首相的人。

但是，发生在领袖竞选期间的一些事使撒切尔夫人确信，那里的某些工作人员，要在她手下继续以原来的身份工作是很困难的。

撒切尔夫人一向敬佩彼得·桑尼克罗夫特。他自撒切尔夫人进入议会之初就是领导本党的老前辈中的一分子，作为数家大公

司的总裁,在撒切尔夫人看来,彼得·桑尼克罗夫特应当是首选之人。可是怎么说服他呢?后来她发现威利·怀特洛曾与他有过来往,于是威利说服他接受了这一任职。

这份工作即使对一个比他年轻得多的人来说也是很费精力的,因为即使在党深陷低谷的时期,党的主席也必须鼓舞士气,而低谷阶段的出现何止一次。除此之外,彼得的另一难题是,在现阶段,大多数乡村党员只是勉强接受了新首相的领导。

现在,撒切尔夫人终于感到中央总部的领导人真正有心效力于她了。彼得逐渐以忠诚之士取代了一些人,但撒切尔夫人却从未干涉甚至过问他是怎么干的。

阿利斯泰尔·麦卡尔平就任党的司库无疑颇有助益。虽然阿利斯泰尔是出身于保守党党员家庭的一名铁杆保守党人,但他还得迅速将自己变成一名政治家。撒切尔夫人告诉他,他得放弃他那辆德国奔驰轿车,改用一辆英国产的"美洲虎",他立即照办了。

当时有些人以为,新首相会在保守党研究部进行更大的人事变动。保守党研究部理论上是中央总部的一个部门,但它有自己独特的重要作用,尤其是在野期间。这主要因为它在办公地点上与中央总部分离,而且在学术上有其荣耀的历史。

从某种意义上说,政策研究中心是作为研究部的替代机构建立的。而如今撒切尔夫人是领袖,保守党研究部与政策研究中心应当团结协作。她知道研究部与政策研究中心之间的诸多龃龉与竞争由来已久，于是，她决定用在政策问题上能与基思合作的安格斯·莫德替代伊恩·吉尔莫担任研究部主席，而让克里斯·帕顿留任主任，让特德的前顾问亚当·里得利做他的副手。这些都是妙计。

撒切尔夫人赏识该部的工作，尤其是在它担当起影子内阁秘书处的作用后，就不只是制定政策了。虽然偶有阴影，保守党研究部还是渐渐转到新首相确定的方向上来。

与此同时，撒切尔夫人还要物色一个负责她办公室事务的小班子。领袖竞选结果出来后第二天，撒切尔夫人会见了特德手下的秘书们，他们显然很难过，她还察觉到了某种敌意，这是很容易理解的。新首相赞赏他们的忠诚，如果他们认为可能的话请他们继续留下工作。结果大多数人留了下来，至少也干了一段时间。

撒切尔夫人当选领袖

▲撒切尔夫人

之后，如潮的信件接踵而至，有时每天八百多封。尽管中央总部的女孩子们过来帮助分理邮件，但一般情况下这是首相的几名秘书的任务。

他们坐在主房间的地板上，将信开封、归类。他们尽了最大努力，可还是毫无希望地缺乏条理。后来，阿利斯泰尔·麦卡尔平建议首相请戴维·沃夫森负责邮件科的工作。阿利斯泰尔觉得如果戴维都不能理顺这种混乱状况，那就没有人能行了。

事实上，无论是在反对党时期还是后来在唐宁街10号，戴维的才干得到了比整理信函更为广泛的发挥：他洞察商界的意图，提供了重要关系，尤其在政治上善理乱麻。

撒切尔夫人还需要一位全职的办公室主任。这个人必须勤奋、可靠，而且，既然要起草那么多的讲话稿、文章和信件，他更需要有好的文学素养。经人推荐，正从事《每日电讯报》高雅的花边专栏《彼得巴勒》工作的理查德·赖德，于4月底来到首相这里。

理查德·赖德在经费少的情况下，将这个不大的办公室管理得很有效率。他如一只快乐之舟，同几位令人快乐的人同舟共济，去成就更美好的事业。

掌握政治机器的工作花去撒切尔夫人几个月的时间。总体说来，一切从未让她不快。然而，撒切尔夫人非常清醒，她知道，对一个领袖的真正政治考验还在后头。

打碎桎梏确立新政

撒切尔夫人领袖生涯中第一次真正的公开亮相是从访问苏格兰开始的。

当时，伴随着由一位幽默的风笛手吹奏的一曲"人就是这样"，她在爱丁堡机场一走下飞机，就受到苏格兰式的热情欢迎。

撒切尔夫人所到之处，成群的人拥过来看她，这使她原定漫步爱丁堡市中心的计划不得不整个取消。

在王子街附近的圣詹姆斯商店区中心原预计会有数百人，结果三千多人拥了进来，可那里只有六名警察在徒劳地试图挡住他们。

几位妇女晕倒了，有的人眼含泪水。因为人群挤靠着商店橱窗，此时真有发生悲剧的危险。

眼看继续走路不可能了，撒切尔夫人只好躲进一家珠宝店，

▲撒切尔夫人

在那里她看到并买下了一枚蛋白石，后来她将它嵌在了一枚戒指上。

撒切尔夫人在苏格兰保守党基层组织总能受到友好地接待。但她的政治蜜月持续时间并不长，紧接着，那种常见的政治生活便汹涌而来。形势很快就清楚地说明，党内一些实权人物开始给新一届政府制造麻烦了。

4月初，哈罗德·麦克米伦和特德·希思在青年保守党年会上发表讲话，主张警惕保守党右转。欧洲问题全民公决运动把焦点放在欧洲问题上，进而又刺激了联合政府的倡导者们的胃口。这一切，给撒切尔夫人的新政府带来了更多的困难。

撒切尔夫人在议会的首次重要亮相，是参加1975年5月22日的经济问题辩论。在会上，撒切尔夫人与哈罗德·威尔逊进行了交锋，她被严厉而公正地批评为没能令人信服地提出保守党的替代性政策。

在当时，由于这种束缚，新一届政府还不能突破现状，提出一套适用的自由市场政策作为替代。

由于这些原因，撒切尔夫人的这次辩论发言没有讲好。看来，仅靠她擅长和喜欢的几句提纲是代替不了内容广泛的讲演。

作为议会前排议员的讲话必须有一份准备充分的讲稿，可以提供给新闻界。然而，这不单单是讲稿的问题，根源在于政策上的矛盾尚未解决。

为此，撒切尔夫人必须打碎桎梏，确定自己新的立场，把自己的立场与反对其政策的立场一致起来，并使保守党的替代主张更有力度，以确保其得以实施。

为了确立新政，政策研究中心和一批顾问，尤其是经济问题顾问，向撒切尔夫人提供了主张和建议。

事实说明，从最主要的意义上说，这一制定政策的体制还很奏效，诸多大问题已经得到解决。

当时最重要的政策问题是如何对付通货膨胀，这一问题一再成为公众希望采取行动的最紧要问题，但同时又经常认为控制收入的政策是战胜通货膨胀的唯一手段。

可是，如果控制收入，失业问题总是紧随其后。

要讨论产生通货膨胀的原因和克服的办法，就要涉及对前任政府的评价。

其实，阿兰·沃尔特斯早就申辩过通胀是由于希思政府放松银根造成的，撒切尔夫人原本也认为这是有道理的。

但现在的问题是，如果她公开接受这种观点的话，则势必会挑起更多的麻烦。

撒切尔夫人很清楚，如果遏制这一增长，就不仅会被推向她希望避免的严重的干涉主义，同时也会遭到工会的强烈反对。

而采取自愿的收入政策也会陷入政治上的不利地位，因为工党与工会有传统的联系，很容易促使两者联手对付新政府。

在一次议会经济辩论中，撒切尔夫人遇到了一系列困难。由于这些困难，她当时没能针对政府政策提出替代性的政策选择。由于这件事，她认识到急需理清保守党的立场。

而且进一步剧烈的社会分歧，也确认了这一必要。因此她决定，即使我们尚不能对某一观点达成全体一致，至少也必须一致同意坚守一套能够弥补裂痕的口径。

在这一系列的艰辛中，形势促使影子内阁在收入政策上采取了一条团结的路线，既然要克服通货膨胀，就要求一切经济政策都必须以反通货膨胀为方向，尤其是公共开支和货币政策。

收入政策可能会作为一整套综合政策的一部分而起有益的作用，但它并不能取代其他政策，也不能对它本身期望太高。

撒切尔夫人的一系列举措，虽够不上是新颖的经济学高见，至少也提供了一个打破桎梏的可行的模式。

攻心演讲满堂彩

担任领袖几个月以来，虽然遇到过诸多困难，撒切尔夫人还是以不错的精神状态迎来了秋季党的年会。年会前的民意测验显示，保守党领先工党23个百分点。

在党的年会上，领袖讲演与影子内阁其他发言人在年会上的发言大不相同。它必须有足够广泛的内容，以免有人批评讲演者逃避某项棘手的问题。

另外，讲演的各部分内容之间均要与主题呼应，否则到头来你的讲演就像撒切尔夫人所说的那种挂满誓言与功劳的"圣诞树"，而且每谈到一个新话题总是用"我现在谈一谈，"这样呆板的传统开场句式。

撒切尔夫人正在掌握并深化这些演讲知识，她认识到，一场有分量的讲演要能焕发全党的信念，缓释怀疑者的忧虑，从某种意义上说更像诗而不像散文。

作者不应试图使用华丽的辞藻，重要的是所蕴涵的思想、感情和情绪。一些材料可能容易用来写出观点清晰又有说服力的文章，但也许根本不适合讲演之用。

演讲者必须细审讲稿，发现有危险和语意不明之处则一定要删掉。但即使是这样，一篇效果好的讲演也许在印出来后读起来却几乎是苍白无力。所有这些，自己需要在后来的几年里全部学会。

撒切尔夫人认为，经济危机反映了民族的精神危机。她告诉她的讲稿撰写人，她不打算发表一篇经济问题讲演。经济上之所以出了差错是因为思想上和哲学原则上的其他方面出了差错。

但是，内阁成员却没有理解她所传达的思想。于是，她本人不得不坐下来，写了整整六页手稿。然后，又请一位经验丰富的记者进行删改、构思和重新组织。至此，第一份草稿才算完成了。

在过去，党的领袖只是在年会结束时才露面，像从天上下凡似的来到满怀崇敬、而又卑躬的人群中发表他的讲话。但撒切尔夫人除了到会早之外，她还利用每个机会会见选区代表。她知道她必须争取这些人的忠心。实际上，撒切尔夫人做到了年会组织者们所认可的极限。

在参加招待会和讨论会的间歇里，撒切尔夫人还要过问讲演稿撰写人的工作进展情况。亚当·里德利协助撰写经济问题。安格斯·莫德也不时参与进来，他同伍德罗一样有那种只需要一调整就能让讲话放出光彩的本事。理查德·赖德是讲稿的总润色人。

忠心耿耿的戈登·里斯用他的专长，辅导首相如何宣讲这份稿子，他关照撒切尔夫人在精彩段落之后，不要打断掌声急于往下讲，戈登说一个不够老练或缺乏自信的讲演者会经常这么做。

直到把整项工作完成时，撒切尔夫人才感到可以进屋睡上个把小时了。

保守党年会高潮的来临，在布莱克普尔营造出了一种特别的激情。布莱克普尔真正发展成为海滨度假地时，城里的冬宫便以维多利亚时代中叶的自

▲发表告别演说

信风格成为一处名胜。这里有各式咖啡馆、餐厅、酒吧、一家剧场，还有保守党举行年会主要活动的皇后舞厅。

舞厅一词还远远不能真正表述其宽阔大厅的富丽堂皇，连同那宽敞的楼台、那镏金、饰粉、光艳夺人的奢华，给人一种温暖的感觉，仿佛是对讲演者的欢迎。

对撒切尔夫人来说，虽然几乎是终日未眠，但她对自己那篇讲演稿充满信心，并把一切都寄希望于它。

此篇演讲有两大宗旨，第一，要作一番总结性的阐述，第

二，首相要阐明保守党的观点，尤其是那些阐述撒切尔夫人个人信条和信念的部分。她说：

　　　　请让我向你们陈述我的观点：即一个人有按他的意愿工作的权利；有花他所挣来的钱的权利；有拥有财产的权利；有把这个政府当做公仆而不是太上皇的权利。

　　　　所有这些都是英国的传统，它们是一个自由国家的实质，所有其他的自由都有赖于这一点。

当她讲演开场并被掌声和欢呼声打断时，她便放松了下来。显然，撒切尔夫人拨动了人们的心弦，与其说是以她发表讲演的方式，不如说更重要的是因为她表达出了自信的保守党人的情感。

在场的代表们听到了他们自己的心声发自会议讲台之上，于是报以巨大的热情。

撒切尔夫人本人也受到激情的感染。无论是台上还是台下，都荡漾着一种气息，那就是形势正发生着某种变化。

在当了一年领袖后，撒切尔夫人觉得已能自立了。但她仍感到不适应在下议院担任的新角色。她已与议会党团及全国的保守党组织建立起密切的联系。她对于办公室内的一小队人马的工作情况很满意。这个时候，撒切尔夫人希望影子内阁也能尽快地被导入正轨。

走马换将重组内阁

　　早在1976年，就是对撒切尔夫人进行考验的一年。英国当时正陷入一场经济危机，持续下去的话，不久就会把国际货币组织卷进来，直接充当在英国经济运行中的一支力量。

　　工党政府对此毫无良策，相当重要的原因是它正在失去在议会里的微弱多数，但保守党也很难把这种情况转为自己的优势，显然这是因为人们把工会组织看成是力量强大、无所不能的。

　　因此，撒切尔夫人总是被这个问题所迫而处于不利地位："你们将如

▶撒切尔夫人访问中东国家时的打扮

何对付工会组织？"或者更不祥地说："工会将怎样来对付你们？"

除此之外，还有对影子内阁表现的广泛批评，当然也包括撒切尔夫人本人在内。正是在这种情况下，撒切尔夫人决心要进行一些必要的改革。

1976年1月15日，撒切尔夫人重组了班子。反对党班子的重组总有着强烈的闹剧色彩。反对党领袖在议会的套间的格局布置使得她无法控制人们的进出，从而无法用适当的微妙的差别来对待走运的和不幸的同事们。尴尬的碰面总少不了。好在一次重组不会有很多血溅到地毯上。

重建的影子内阁面临三大战略问题。首先就是新组成的政府将如何与工会组织相处？保守党急切需要拿出一个令人信服的答案，因为随着1976年底的到来，工党政府垮台的可能性越来越大。

影子内阁进行的讨论，主要是以吉姆·普赖尔的一篇论文为基础。论文敦促保守党既要向选民表明其在形成政策时是与英国职工大会协商过的，又要向英国职工大会表明这些政策会带来繁荣和就业。但撒切尔夫人心存疑问，她在想，不用进行必要的改革就能取得这一切吗？

政府最初在议会拥有的席位比其他所有政党的席位合起来还享有3票的多数，但这一多数在不断地缩小，以至于在1976年4月消失。怎么最有效地利用这一情况，是保守党遇到的第二个问题。在当时，政府的地位不稳，但仍能维持度日。

在撒切尔夫人成为党的领袖一周年之际赢得了一项动议，把工业部长埃里克·瓦利的薪水减了1000英镑，这对于撒切尔夫人的政府是有利的。

撒切尔夫人在重组中最先采取的行动没有那么激烈，她要求取消所有的关于议员对于不参加投票的安排，收回了在议会事务上的合作，要求政府就该法案重新表决。她这么做旨在给政府制造最大的麻烦：不但他们所有的议员都得在重要投票时到场，而且政府不知道它要办的事务多长时间才能进行下去。

1976年的英国经济情况更加糟糕，这就是他们的第三个难题。人们希望保守党支持工党政府使用金融管制的举动。但还有一种更广泛的压力，那就是要求保守党在处理工党政府磨难时，采取负责的态度。这些呼声，无论这是多么值得赞扬的做法，却必然会束缚撒切尔夫人的攻击风格。

总的来说，1976年常规的政党政治充满挫折而毫无结果。尽管保守党在民意测验中遥遥领先，工党在众议院的多数也在消失，政府还是步履蹒跚。

保守党对英国职工大会采取了开放的举动，但陷入了僵局。国际货币基金组织监管起了英国的经济政策，极度危机的气氛开始缓和。但从更根本的角度来看，撒切尔夫人的事业还是有

所起色。其中意识形态领域的成功，就是她任职以来的胜利果实之一。

1976年年会前夕，她的政府发表了《正确的思路》一文，有力地阐述了新保守主义。该文确实通俗易懂，堪称战后保守党发表的写得最好的文件，切实地迎合了众人的口味。该文的成功揭示出在这整个时期存在着的一种至关重要的矛盾现象。

撒切尔夫人认为，从更高信仰、决心和哲学层次来说，这篇文章做得极有成效，它赢得了思想领域战斗的成功，更有深远意义的是，这不但是赢得选举的必经之路，也是她想要进行的变革和赢得持久的广泛的支持所必需的。

撒切尔夫人的内阁重组在继续。雷吉·莫德林作为影子内阁成员和外交大臣，他的所作所为一直令撒切尔夫人为难。当她告诉他他得离开时，他尽其所能无礼地发作了一通，但他还是离开了。紧接着，撒切尔夫人又把迈克尔·赫塞尔廷调出工业部门并以约翰·比芬取代他，让约翰·戴维斯取代雷吉掌管外交事务。

撒切尔夫人走马换将，这种政治上的不稳定性让每个人都感到不安。政府不再拥有压倒性的多数。国内保守党的支持者们觉得这一切不可思议。政府不再拥有有效工作的多数，一场新的议会危机摆在撒切尔夫人面前。

在1976年5月召开的苏格兰党会议上，撒切尔夫人加重语气说道："我不能支持这样一个苏格兰议会，我们谁也不能支持成立这样一个议会，如果我们认为它可能使联合王国陷入危险境地的话。"她的这场演说听众反响良好，但显然解决不了党内纠纷。

撒切尔夫人开始坚定的反对派立场。1977年3月，撒切尔夫人在托基向中央理事会作的报告中提醒全党注意，一场大选正在来临。

这个报告促使各党派和他们的督导员们都使出了浑身解数。在此过程当中，撒切尔夫人为了使英国拨乱反正，她需要设法使保守党左翼和现在影子内阁中的部分成员相信将来的政府所采取的措施。在她的努力下，国家方舟艰难地驶向她既定的彼岸。

马岛战争的胜利光环

马尔维纳斯群岛位于阿根廷本土以南300英里的南大西洋上，总面积1.2万平方公里。1690年，英国人约翰·斯特朗漂流到这里，将两个岛屿之间的海峡命名为"福克兰海峡"。此后，英国人一直称这里是"福克兰群岛"。

1764年，法国在这里建立居民点，将它命名为"马尔维纳斯"。1767年，西班牙将该群岛并入西班牙在南美的属地。1816年，获得独立的阿根廷从西班牙人手里继承了这些群岛的主权。

1833年，国势强大的英国以该群岛最先为英国人发现而占领了它，尽管很多国际会议确认它理应属于阿根廷，英国却始终不予认同。从此，英阿两国在群岛主权问题上一直争执不休，一度还因此中断了双方的外交关系。

1979年，撒切尔夫人执政后，立即同阿根廷军政府建立了联系。1980年2月，英国和阿根廷恢复了中断的外交关系。

1980年8月，当时任内阁贸易大臣的瑟希尔·帕基生访问了阿根廷，他在阿根廷商会说：

"英国正在为自己的工业前途进行努力，正在为企业的繁荣争取有利的环境。我们一向鼓励竞争。对于你们在这个方向上作出的努力，我只能表示欢迎。所以，我们都能预见到，英阿两国在经济方面一定会更加密切地合作。"

由于撒切尔夫人的努力，英阿关系开始向好的方面发展，但马岛问题并未真正地解决。

当年的11月份，英国外交部官员尼辜莱斯·雷德莱访问马岛时表示：马岛可归属阿根廷，但必须要租借给英国使用。

阿根廷似乎闻到了此话的火药味，所以，在1982年3月31日晚，阿根廷海军先下手为强，突然向驻守马岛的英军开了战。

接到报告的撒切尔首相一面召集内阁紧急会议，商讨对策，一面致电美国总统里根和国务卿黑格，请求他们从中斡旋，对阿根廷执政委员会主席加尔铁里将军施加影响。

4月2日，阿根廷军队进驻马岛。

3日，英国议会下院召开特别会议。撒切尔夫人语气激动地说：

我们今天举行会议，是需要众位议员对一种十分严重的局势作出反应。两天前，英国的主权领土第一次受

到了侵犯，并且于昨天已经落入了他人之手。

撒切尔夫人强调说：

　　马岛是属于我国的领土，从1883年延续至今，我们
没有丝毫怀疑。

　　撒切尔夫人讲话之后，下院决议向南大西洋派遣海军，决定用武力夺回马岛。这支部队包括62艘海面战舰、6艘潜水艇、42架战斗机和200架直升飞机。

　　撒切尔夫人说："如果我们的许多朋友不能通过外交斡旋取得成功。那么，我们就应该用实力夺回属于自己的东西。"

　　很多议员都支持撒切尔夫人的行动，保守党右翼议员艾罗克·鲍威尔说："首相的'铁娘子'的称号，是因为发

◄阿根廷军队占领马岛之后加尔铁里亲临马岛视察

表的对苏联及其盟国的意见而引起的。希望在今后的一段时间，全民族都能看到你是真正的'铁娘子'。"

为了对付马岛，英国成立了战时内阁。除首相外，还有内政、贸易、国防、外交等机构的官员组成。

撒切尔夫人加紧进行战争的准备，她打算要全力打赢这场战争。

她向议会解释说：

"对于马岛问题，我们也希望和平解决。但由于天气条件、地理条件，加之特种舰队已迫近群岛，如果我们施以军事压力，可能和平的机会会多一些。"

撒切尔夫人当天还发表电视讲话说："有人认为尽量不要使用武力，岂不知，在谈判桌上永远难以满足贪婪者的胃口。"

撒切尔夫人还解释了她发动战争的原因：

"天气问题是我考虑的首要因素。冬天来临后，寒风刺骨。那时跑到南乔治亚的冰上还能干什么？我们应该记住，拿破仑就是在严冬季节在莫斯科被打败的。"

4月30日，英方发布公告说，马岛周围200海里为"禁区"；禁止任何阿根廷的船只或飞机进入，否则后果自负。

5月1日清晨，一架英国轰炸机向斯坦利港"禁区"内投掷了1000磅炸弹。

同天，刚刚接替了在马岛问题上表现迟疑的卡林顿爵士的外

交大臣的佛朗希思·皮姆飞往华盛顿，同作为"调停人"的美国国务卿黑格会晤。

皮姆在华盛顿对记者说，轰炸斯坦利是为了推动和平解决马岛问题，目前除了要保证"禁区"的安全以外，尚没有进行下一步军事行动的计划。

皮姆在美国发表这些谈话的时候，英国的一艘核潜艇正在追踪阿根廷的巡航舰"贝尔哥莱罗"。

5月2日，"贝尔哥莱罗"被击沉，368人死亡。

其间，颇为自信的秘鲁总统贝洛恩德正在黑格、皮姆和阿根廷总统加尔铁里之间斡旋。他还认为能够和平解决问题。因为他当天还曾对一个记者说，和平协议马上就要签署。

谁知秘鲁总统的话音未落，就传来了"贝尔哥莱罗"被打沉的消息。这使贝洛恩德显得非常尴尬。据阿根廷军方的消息说，"贝尔哥莱罗"并没有进入英国宣布的"禁区"。英国国防大臣罗特也承认，"贝尔哥莱罗"只是靠近了"禁区"。

5月4日，作为报复，阿根廷的一架战斗机发射法制"飞鱼"式导弹，一举击沉了英国的巨型战舰"谢菲尔德"号。

两起"击沉"事件宣告马岛战争全面爆发，在美国的和平斡旋等外交手段完全停顿。

5月18日，联合国秘书长佩雷斯·德奎利亚尔的调解宣告失败，战争全面升级。

6月14日，阿根廷军队难以抵御英军的强大攻势，宣布投降。

6月15日，消息传到了伦敦，撒切尔首相顿感"如释重负"和"妙不可言的愉悦"。

英国胜利了，那么撒切尔夫人在这场战争中，到底捞取了什么好处呢？

事实上，英国占领马岛后，尚需派出相应的兵力、战舰、飞机去守护。这笔费用，每年需要近七亿英镑。

撒切尔夫人曾说："福克兰群岛是英国的，福克兰岛上居民是英国人。"英国官方也一直宣称此次劳师远征是为了"保卫"那里的"英国同胞"。英阿之战，英国损失16亿英镑的军费。

英阿战争爆发后，受到了第三世界国家的严厉谴责。西方盟国则皆表示支持，但是，那些支持显然更多的是表示一种朋友间应有的姿态，所以令人感到并不是出自真心。

美国表面上是"调解人"，在表态上比较含蓄，但美国总算是支持了英国的，对撒切尔政府也尽到了盟国之谊。虽然美国在联合国的投票不能使英国完全满意，因为那项决议没有就马岛的主权说什么对英国有利的话，但撒切尔夫人从心底是对美国感激的。

英阿战争打得不大，却牺牲了200多名士兵，按说是得不偿失的，但因英国工党领袖富特支持政府，整个工党，也没有一致

的反对意见，更重要的是这一仗使英国长期失去的民族"自豪感"得到了若干满足。

其实，撒切尔夫人如此积极地发动马岛战争还有两个重要原因。

撒切尔夫人想要在她的统治下重振大不列颠的帝国余威。

自1945年"二战"结束后，英国随着实力的下落，国际地位逐渐下降。苏伊士运河战争以后，紧接着是美国宣布了"填补真空"的"艾森豪威尔主义"，英国从中东的撤退。英国地位在这一桩一件的事物中显得越来越低落。

此次的马岛战争虽然是一场以强凌弱，以大欺小的战争，其影响也远远比不上苏伊士战争。但是，打胜了，就可以振一下国威，壮一回士气。倘若说苏伊士战争使英国蒙受了"民族屈辱"，那么，这一次则算是挽回了一点面子。

撒切尔夫人觉得，只要自己做的事同民族的自豪感结合起来，那么就一定会激起国民对帝国往事的追忆。

马岛战争后，撒切尔夫人曾说过这样一段掷地有声的话：

当我们准备打这一仗的时候，有些性格懦弱的人以为，即使我们真的去打了，也成不了大事；他们认为英联邦的衰落已经难以挽回了，英国再也不是当年曾经统治四分之一世界民族的帝国了。事实上，他们大错特错了！

或许，有人认为打这么一场小战争所赢得的"自豪感"延续不了多久。但是，无论如何，撒切尔夫人认为，在她出任首相的第三个年头就干了这么一件事，毕竟是苏伊士运河战争以来所没有的。她的目的就是想通过这场战争把自己变成不列颠民族永远铭记的代表。

撒切尔夫人发动马岛战争的另一个原因是，她此时已经在谋划着下一次的大选了。按五年一任计算，下次大选应于1984年举行。

依照惯例，英国首相有提前决定大选的权利，为自己准备有利的时机。若以"民族"的名义发动这场马岛战争，在胜利后即可以赢取民众的选票。

"民族"和"民族主义"，在国际政治中最能激动人们的感情，最能把一个民族、一个国家的各阶层的人们的情绪调动起来。

艾德华·麦科拿尔·博恩斯是美国的著名历史学家和政治学家，他对"民族主义"的历史演变，曾经发表过这样一段著名言论：

在法国大革命后的博爱理想熏陶下，近代世界的民

族主义经历了两个阶段的嬗变。

1800年至1848年的近半个世纪，民族主义只是对某一文化和语系的群体的效忠情绪或者是摆脱外来压迫的一种热望。

而进入1848年以后，民族主义却发展成一种侵略性的运动，一些当权者常常以民族的名誉，把自己的统治扩张到相似的民族或有关的民族中去，而不管后者是否同意。

在我们生活的时代，虽然为求解放的民族主义也时有出现，但大多数已堕落成侵略、排外型的另一种意义上的民族主义了。

英格兰第二帝国时期最著名的帝国主义者巴麦尊就是这样一个人，马克思对其曾有一段精辟的评价，马克思说，英国总是把自己的宪政说成是好得不能再好的政制，总是要让别人也实行这种政制。这是英国的有历史传统的心态，它的对外政策中的一部分就是这种心态的反应。

现在，旧殖民体系已经崩溃了，但是，英国仍是殖民地较多的国家，它虽然已经修改了不少过去的政策，可昔日的意识和这种意识所支持的政策，并没有绝迹。

在英国的统治者看来，只要是的殖民地，它就享有主权，它就是殖民地的主人。

马岛危机虽然平复了，但是，阿根廷仍然没有屈服，它仍然认为"马尔维纳斯群岛"是它们的领土，而英国则以占领者的姿态，理所当然地认为"福克兰群岛"是大不列颠政府的。

马岛战争的胜利，对于撒切尔夫人来说。其意义远远超过了战争本身，这是无可置疑的。事实上，撒切尔政府对第三世界国家的政策具有其传统的特色。

就拿中东问题来说，在西欧各国政府当中，英国政府以亲以色列而著称。包括阿拉伯和以色列在内的中东国家，撒切尔夫人都曾访问过，她也在伦敦接待过这些国家的领导人。

但是，她从来不承认巴勒斯坦民族解放运动的合法代表性。在阿拉伯国家组成的阿拉伯联合代表团访英时，她甚至拒绝接待巴勒斯坦的代表，也不允许英国外交部有丝毫的松动表现。

另外，撒切尔政府对待南非种族主义政权的表现也与众不同。

南非种族主义政权曾于1986年疯狂镇压南非人民，这一举动引起世界人民的强烈谴责，各国政府纷纷要求对南非政权进行全面经济制裁。

但无论是在欧洲共同体内，还是在英联邦内，英国都是唯一不愿对南非博塔政权进行制裁的少数欧洲国家之一。

撒切尔夫人在多种场合表示应"说服"南非当局放松和停止

镇压，她的外交大臣杰弗尼·豪遵照指示，曾作为欧洲共同体的代表前往南非与博塔会谈，企图"说服"南非当局，指望它发"善心"，但杰弗尼·豪没有完成撒切尔夫人交给他的任务。

撒切尔夫人的举措虽然是为英国在南非的经济利益着想，也是英国在西南非地区传统政策的延续，但却招致了英联邦国家的不满和指责，使其在英联邦首脑会议上完全陷入孤立。

1983年1月，即离马岛事件后半年，撒切尔政府又提出了一个新"国籍法"。早在1948年，英国曾出台过一个"国籍法"，当时的"国籍法"规定47个英联邦国家以及殖民地的9.5亿人都具有英国国籍。马岛事件后提出的这个新"国籍法"则根据40年来前殖民地区形势的变化进行了修订。

这个新"国籍法"把英国国民分成了如下三类：

首先是英国公民。英国本土、同联合王国、海峡群岛和马恩岛有密切血缘关系的人称为英国公民。他们可以自由进入英国。

其次是英国属地公民。即同现有殖民地有血缘关系的人。这些地区指香港、百慕大群岛、维尔京群岛、开曼群岛、特科斯和凯科斯群岛、皮特凯恩岛、圣赫勒拿岛以及英国在印度洋和南极区的属地。

还有就是英国海外公民。这是同联合王国和现有属地的人都没有血缘关系的人。

新"国籍法"规定，后两类的"英国国民"没有在英国定居的权利。但有两块领地，即直布罗陀和福克兰群岛的人获特别许可，也可以登记为英国公民。

新"国籍法"从外表看来，没有多少实质性的改变；其改动之处是不把殖民地的人民都看成是"英国人"了。但仍然要把原不是英国人的人同英国国籍挂上钩，以表示英国拥有的统治地位。

谁知道撒切尔政府的"好心"却没有被她的国民理解。撒切尔政府向人民解释说，这类"国籍"是"过渡性"的，因为它是从殖民帝国时期的"国籍"问题承续下来的。

不理解的人指出，用这种办法来处理遗留问题是不妥的。还有人则从另一角度尖锐地说明新"国籍法"加重了种族间的矛盾。

英国国教的精神领袖、坎特伯雷大主教罗伯特·朗西批评新"国籍法"不公平，说这部法律将会加剧种族之间的紧张气氛，他还断然指出："这是一部令子孙后代不会引以为自豪的法律。"

这部法律规定，黑人妇女生的孩子必须向当局申请国籍，而白人妇女却没有这道程序。

在英国，无论是撒切尔政府，还是不理解新"国籍法"的人，都有一个共同的价值观念，即认为英国民族是最优越的，他们觉得承认英国属地的人是英国人，对他们是一种"高抬"。其

实，这些观点并不高明，"二战"时期的战争狂人希特勒不是也认为他们"日耳曼人"才是世界上最优良的人种吗？正是抱有这种观点，所以他才对犹太人大开杀戒，才引发了死伤无数人的第二次世界大战。

这种"人种论"自"二战"后早已被有识之士抛进了历史的垃圾堆，英政府的这种观点只能让世界上的大多数人失望，所以，新"国籍法"受非议也就不足为奇了。

一个人的"国籍"要由别国来决定，无论怎样决定，都依然反映的是所谓"帝国"的意志，这是人们对新"国籍法"不满的又一个原因。

马岛战争以后，撒切尔政府任命了驻马岛新的行政长官，派出了弗朗克斯调查委员会到岛上进行调查，以确证该岛的归属。撒切尔政府要把马岛战争的果实敲定下来，并为英国在它的影响微不足道的拉丁美洲找一个落脚的地方。

马岛胜利的光环对于撒切尔夫人的政治生涯产生了不可估量的影响，正如战争失败也会断送这位"铁娘子"的政治前程一样，战争的胜利确实巩固了她对保守党的控制和对全国的统治。

战争结束之时，撒切尔首相不仅在英国名声大噪，而且在国际舞台上也风光一时。其实，这次胜利也为保守党在下次大选中的胜利奠定了基础。

在胜利的光环下，撒切尔夫人不由意气风发，扬言"这个国家有决心完成它认为必须完成的任何事情，有能力完成它认为是正确的事情"。

她甚至说："我们不再是一个日益衰弱的国家，我们有了新的信心，有能力解决经济困难。这种信心在8000英里之外的战场上经受住了考验，并被证明是无坚不摧的。"

英国特混舰队的舰艇经过漫长的航程之后，胜利凯旋。他们在码头上受到英雄般无比隆重热烈的欢迎。这时，顽强捍卫大英帝国利益的撒切尔首相，一夜之间似乎成了温斯顿·丘吉尔第二了。

在1982年10月伦敦街头举行盛大游行和阅兵典礼之后的欢宴席上，撒切尔夫人兴高采烈地致辞说："现在，人民重新树立了自信心和自豪感。一切怀疑和忧虑统统烟消云散了。"

其实，马岛战争的胜利被人为地大大夸大了，何况英国为打赢这场战争而遭受的巨大损失，更何况英国打赢这场战争靠的是美国的帮助，因为在英阿交战期间，美国不仅为英国特混舰队提供了大量的军事援助，供应尖端武器"响尾蛇"导弹，而且通过其先进的卫星侦察系统，向英方透露了大量有关阿根廷的军事情报，从而使阿军动向全部在英军方的监控之下。

半年后，撒切尔夫人借马岛英属155年纪念日之际，冒生命危险连续坐了23小时飞机奔赴马岛巡察，凭吊为国捐躯的战士亡灵。

在途中，她转乘一架必须在空中加两次油性能简单的"力士"号运输机。随从人员在飞机加油时个个吓得直冒冷汗，而撒切尔夫人毫无惧色，镇静自若。

撒切尔夫人的马岛之行完全是为了获得英国公民的谅解，尤其是为了安慰那些阵亡战士的亲属，从而平息舆论界那些对这场战争持非议态度的人们的怨气。她的这一目的达到了。

撒切尔夫人的任期本来要到1984年5月才届满，可1983年3月，英国的通货膨胀率已降到了15年来的最低点，仅为4.6％；退休金增长率超过了通货膨胀率；出口总值创53亿英镑的历史新纪录。

这些是她宣扬货币主义"政绩斐然"的大好时机，而且马岛战争使她声誉倍增。与此同时，她估计下半年通常经济都要回跌，来年更是夜长梦多，高失业率预示着一场罢工的爆发。于是她看准了这个千载难逢的良机，提前大选。

这种"突击选举"创造了英国历史上的最短纪录——从公布到投票只有19天。这等于不战而胜，大选结果自不必说，她创下了"二战"以来保守党连任的纪录。撒切尔夫人在其间的多方面准备工作，可谓做得精心而独到。

坦然应对饭店爆炸事件

在英国南部，有一个叫布莱顿的城市，一年四季，这里充满阳光。布莱顿地区的气候温和，每年都有成千上万的人来这里的海滨度假。

1984年10月12日，夜深人静。在豪华的布莱顿大饭店，底层宽敞的大厅和华丽的酒吧间里，仍有不少身穿晚礼服的男女人士在谈笑。他们是正在参加1984年英国保守党年会的代表们，刚刚举行过一场社交舞会。此时，余兴正浓，他们正在品尝临睡前的最后一杯美酒。

玛格丽特·撒切尔夫人这天也住在这家豪华的饭店里，撒切尔夫人素有夜间工作的习惯。现在，她正在为几小时后要在年会闭幕式上宣读的稿子进行润色加工。

凌晨2时50分，突然，整个饭店在一声沉雷般的巨响中剧烈地摇晃起来。顷刻间，砖石横飞，尘土弥漫，门窗的震裂声和楼

层的塌陷声响成一片，人们在黑暗中大喊大叫，被这突如其来的事件惊呆了。撒切尔夫人桌上的稿纸被强大的气浪冲得四处飞舞。她在两分钟前刚刚离开的浴室顿时塌陷下去。

说时迟，那时快，还没等撒切尔夫人从混乱中清醒过来，一群皇家保安人员已冲进她和丈夫撒切尔先生住的"拿破仑套间"，并将他们迅速转移到楼下大厅。

此时，撒切尔夫人才被告之，这是爱尔兰共和军干的。他们在饭店的五楼，放置了一枚爆炸力极强的炸弹，这枚炸弹将饭店大楼的正面从上到下炸开了一个10米深，5米宽的大窟窿。爆炸的冲击波在大楼内劈开了一道竖井。硝烟中，残砖破瓦和玻璃碎片撒满了旅馆前面的大街。

爆炸发生后，救援人员凭借电视摄影设备的灯光进行抢救。受过专门训练的警犬在废墟中跑上跑下，寻找着受伤者的位置。每找到一个人，消防队员便用斧子扒开砖瓦和尘土，把压在下面的人抢救出来。而及时开来的吊车伸出长臂，救出一个又一个陷在楼上的人。

撒切尔夫人不愧为"铁女人"。当爆炸后的浓烟还在翻滚的时候，首相就一边拍着身上的尘土，一边大声询问救援的人："要我帮着做点什么吗？"

一些新闻记者闻讯赶来，要首相发表评论。"铁女人"看着倒塌的大厦和抢险的人群，低声说道："我听说过这些惨案、这些爆炸，我也希望这样的灾难不要降临到我的头上，然而生活并非总像人们期望的那样。"接着撒切尔大声宣布："爆炸并不能阻止我们，年会如期举行！"

▲撒切尔夫人

9时30分，也就是爆炸六个小时后，保守党的年会在紧挨着饭店的布莱顿会议中心按时举行。撒切尔夫人如同凯旋的英雄，受到听众的热烈欢迎。

大会首先静默两分钟，向爆炸中的遇难者致哀。接着，大会以绝对多数通过了政府关于北爱尔兰的政策。这天下午，撒切尔夫人在演讲中谴责了爱尔兰共和军的恐怖活动：

炸弹袭击，是一种最不人道的，不加任何区别的，对无辜的人进行一种残害。这种想改变政府意志的袭击就如同想要通过恐怖主义消灭民主势力的任何企图一样，是永远不会得逞的。

她的讲话获得了长达7分钟的欢呼。紧接着，撒切尔夫人赶

到皇家苏赛恩医院，足足花了两个半小时，探望受伤者。

尽管撒切尔夫人"福大命大"，没有成为爆炸事件的牺牲品，但有四个人不幸遇难了，另有34人受伤。

调查大饭店的爆炸事件在紧张进行。但关于恐怖分子如何进入旅馆、何时安放炸弹等情况，警方一直没有掌握确切的证据。由于这次年会召开的时间一年前就已决定，因此，恐怖分子可在大会开幕前几个星期内的任何时间埋置炸弹。

这枚炸弹据说是用玻璃纸包着的，从而使警犬无法嗅出来。爱尔兰共和军声称，这枚炸弹有45公斤，但爆炸专家认为，这枚炸弹只有9公斤。然而由于这是一枚小型定时炸弹，制作精密，爆炸力很强，从而造成不小的破坏。

年会举行前，撒切尔夫人和她的丈夫住在二层的"拿破仑套间"。紧靠她的左侧隔壁，是外交大臣杰弗尼·豪的套间。再向左，则是内政大臣布里顿。事后人们才知道，这座八层楼的四星级饭店的178套房间，住满了政府部长和保守党的要人。全体内阁成员也住得十分接近。这种安排，对恐怖分子来说真是千载难逢的绝好机会。

住着这么多要人的饭店会发生爆炸，人们自然就会指责保安工作的安排。警方立刻开始调查，他们分析检查了所有饭店工作人员的个人表现的历史背景，但却一无所获。负责治安的地方官员不得不承认，"在一些环节上出了故障"。

北爱尔兰共和军进行恐怖活动已有很长时间了。从1972年起，其活动范围和目标已不局限在北爱尔兰，开始扩展到英国本土。在十几年时间里，他们进行了一系列的刺杀、爆炸活动，造成80多人丧生，1300多人受伤，以致老百姓一提到北爱尔兰共和军就惶惶不安，担心横祸随时可能降临到自己头上。

面对恐怖分子咄咄逼人的攻势，英国政府加强了反恐怖措施。在这次事件发生后，英国在北爱尔兰建立起了一支特别突击队，专门对付恐怖活动。

打压和削弱工会权力

撒切尔夫人一直设法减低工会的权力，但手法却异于希思的政府。希思政府主要的手段是通过单一的法案，但撒切尔夫人的手法却变本加厉。在受命于英国经济下滑期的撒切尔夫人所采取的一系列措施中，削弱工会权力是其经济改革的一项重要内容。

撒切尔夫人在第二次组阁后，成功化解了1984年至1985年的英国矿工大罢工，使其以失败告终。1985年，英国政府最终关闭了25个不赢利的国有化矿场，并在1994年把所有矿场私有化。

1984年英国煤矿工人的大罢工，就其参加人数之多和延续时间之长来说，在历史上都是罕见的。当时的西方报刊曾把1984年英国煤矿工人大罢工同20世纪上半叶最著名的矿工大罢工相对比，认为1926年的大罢工是世界性经济大萧条的前奏。

人们也都记得，1974年煤炭工人大罢工曾促使爱德华·希思的保守党政府辞职；1979年的罢工也在很大程度上促使了卡拉汉的工党政府倒台。

而1984年的煤矿工人大罢工，其声势和规模都大大超过了前两次，撒切尔政府却不仅安然无恙地渡过了这一危机，而且在别人栽跟头的考验面前取得了胜利，在别人退避三舍的事件中反而搏浪前进，百折不挠。这位"铁娘子"把挑战和斗争作为坚定她意志的实战锻炼，而实战胜利后又大大增强了她的使命感和自信心。

1984年由工会发起的大罢工，企图或极力地在政治上挫败撒切尔夫人。地铁、医务工作者、全国铁路以及若干工厂的罢工形成了英国有史以来最大的全国罢工浪潮。还有不少行业也宣布要举行"同情罢工"以声援医院护士和铁路工人，罢工浪潮势将更加汹涌。

▲第一位女首相

靠乘地铁和火车上班的公务员和工人很多都不得不驾驶私人汽车，致使公路拥挤，受阻的汽车长龙延伸数十英里。平时40多分钟的路程，现在需要走4个多小时。这种因交通瘫痪而造成的混乱现象据说也是空前的。

英国保守党政府一直被财政问题所困扰，因此提出了一个紧缩的国家预算：削减政府开支，包括防务开支。政府同时向人民作出减征企业税，增加社会福利费等诺言，声明要采取措施制止通货膨胀，增加就业机会，振兴工业。新预算当时受到社会舆论的好评，认为是个将使英国经济复苏的预算。

可是过了不到一个月，便发生了马尔维纳斯群岛事件。马岛之战在英国财政清单上是一笔非同小可的额外开支，马岛问题以英军占领而暂告一段落，但事情并未结束。撒切尔夫人说英国要"单独保卫该群岛"。据估计这就使英国国库每个月可能要支付一亿英镑之多。

马岛之战打乱了英国政府原来的打算。紧接着的坏消息接踵而来：外汇储备降低，失业率增高，破产企业增加，经济增长缓慢。而罢工浪潮又冲击着各行各业，使英国每天遭受着成亿英镑的损失，工人们增加工资的要求更难得到满足，减税和增加社会福利费的诺言正在化为泡影。

全国矿工联合会的一位领袖气愤地说，政府花得起35亿美元去杀人，竟无法给护士们增加一些合理的工资。

在严重的经济滞胀情况下，政局自然动荡不安。党内在经济政策上一直不能协调。工党和由工党分裂出去的社会民主党都在尽量利用保守党的伤痕作为进攻的资本，希望在下次大选中取保守党而代之。但是，将来无论哪一党主政，恐怕都不能从根本上摆脱由来已久的经济困境。

在罢工浪潮中，以全国矿工联合会发动的罢工最为知名。但是，撒切尔夫人对矿工联合会的这次罢工已早有充足准备，她早先已经增大了煤的储存量，所以并未对发电厂的供应构成影响。

另外，警察所采用的手法则令人质疑有违公民自由之嫌：警察除了阻止任何罢工的支持者接近罢工矿场的范围，而且更与罢工矿工的纠察队在约克郡欧格里夫爆发了激烈的流血冲突。

可是，由于全国矿工联合会发动的罢工除了没有事先举行选举，是违反新修订的法例之外，又以武力阻止其他矿工如常上班。因此这次罢工并未得到大众舆论的认同，其中以南部及诺丁汉郡的矿区为甚。

事件最后以过半数矿工重回岗位，迫使工会无条件投降而告终。自此以后，保守党政府保证无意毁灭本土采矿业，又对罢工矿工承诺他们的职业受到保障。但保守党政府仍旧在1994年采矿业私有化之前，把全部15个国营矿场一一关闭。

这次全国矿工联合会的罢工起自1984年初，至1985年初完结，历时整整一年，撒切尔的强硬态度迫使工会无条件"投降"，撒切尔获得最后胜利，工会势力大减。

撒切尔夫人本人与工会势不两立，把工会当成"工业的敌人"来看待，理由是说它"歪曲了劳动力价值，对经济在其他方面正常地发挥作用产生了消极的影响"。所以，工会在这位"铁

娘子"的极右眼光里，简直成了"洪水猛兽"和"最邪恶的敌人"。

在罢工浪潮汹涌袭来的时刻，撒切尔夫人仍镇定如常，但她对工会的谴责也如连珠炮似的倾泻出来。7月19日，她对保守党"1922年委员会"发表了讲话，说罢工的矿工和他们使用的暴力，是"国家脸上的一道伤痕"，她大声疾呼以唤起"民族精神"，严词指出：

> 我们曾不得不在外部世界、在福克兰群岛去抵御外敌。现在我们则必须时刻意识到我们内部存在的敌人。他们将更难对付，他们是对自由的更大威胁。

最后，她杀气腾腾地表示，"将动用《紧急权力法》"来镇压罢工，说："哪一个政府也不会替纳税人接受这样一张空白支票。""谁也不能不管煤矿是否赢利而让它们开着。"

在撒切尔夫人对罢工工人大张挞伐的同时，她内阁中的有关大臣也倾巢出动，纷纷发表谈话，对罢工工人进行口诛笔伐，并指责工会领导人煽动暴乱，蓄意"搞垮议会民主制度"。此后，政府在造过舆论之后，随即加紧了镇压行动。

1985年到了，英国的罢工虽还在继续进行，但远远没有1984年4月和5月间那样的势头，用"强弩之末"来形容是再恰当不过的了。到了1985年3月，持续一年多一点的英国罢工斗争以失败而告终，它没能阻止英国政府关闭部分煤矿的决定。

至此，"铁娘子"征服了"暴民"，在历史上一直以战斗性强而驰名国内外的英国煤矿工会从此一蹶不振，裹足不前，连带着使英国的工人运动也陷入了低潮。而在工运与政府的对抗中，人们看到了撒切尔夫人强硬作风的"奇迹"；反过来，这又成了她一往无前、夺取胜利的巨大资本。

撒切尔夫人的很多政治决定都改变了英国，她复兴了英国大亨们的聪明睿智，预防了福克兰群岛陷入杀人集团之手，并提醒人们为成为英国人感到自豪。但撒切尔夫人对工会，尤其是全国矿工联合会的强硬态度，却几乎毁掉了英国。当时撒切尔夫人命令警察采取强硬手段，低估了对手。

事实上，尽管撒切尔夫人对工会的打压最后取得了胜利，但是，在这之后，几乎所有国营矿场被全部关闭，几乎毁掉了英国矿业。

同中国签署联合声明

挟马岛余威，1982年9月，撒切尔夫人信心百倍地来到中国，谈判香港问题。

9月24日上午9时，中央军委主席邓小平在人民大会堂会见撒切尔夫人。

撒切尔夫人提前来到了人民大会堂。她首先来到大会堂的新疆厅，已故周恩来的夫人邓颖超已经在门口迎候。

撒切尔夫人与邓颖超亲切握手，同时又献上了一束美丽的鲜花。1977年前，撒切尔夫人作为保守党领袖访华时，曾经与邓颖超相见。此次重逢，两人都感到十分高兴。

告别邓颖超后，撒切尔夫人在工作人员的引导下，来到福建厅。当她快走到门口时，福建厅大门缓缓打开。邓小平笑容可掬地走过来，与撒切尔夫人亲切握手。

撒切尔夫人微笑着说："看到您很高兴，我是作为现任首相访问中国。"

邓小平答："欢迎，欢迎！英国的首相我认识好几个，但他们现在都下台了。"

接着，宾主双方步入福建厅就坐。此时，记者们尚未退场，两人仍是相互寒暄。

撒切尔夫人说："知道您是刚从外地回来。"

邓小平说："是啊！我是陪同朝鲜主席金日成去了四川。"

撒切尔夫人问："旅行一定很愉快吧？"

邓小平笑着说："是的。四川是我的故乡，这次回去吃过好几次川菜，我很喜欢川菜，中国是以川菜和粤菜最为著名。"

后来，当两人聊到马克思时，撒切尔夫人说："马克思写了一部《资本论》，可他恰恰最缺资本！"

邓小平回应说："也许他缺少通俗意义上的资本，但他的精神财富世界上无人能敌。"

几分钟后，记者被请离场，会谈闭门进行。在友好的气氛中，会谈转入正式话题。

在会谈中，撒切尔夫人采取攻势，咄咄逼人。她说，"中英两国过去签订有关香港问题的3个条约至今仍然有效，中国可通过协商加以修改，但不能单方面予以废除。"

撒切尔夫人在来华前就发表声明，大造舆论。因此正式会谈一开始她就提出了这一问题。

面对英国首相的挑战，邓小平寸步不让。

邓小平首先指出，这次谈判，除了要解决香港回归中国问题之外，还要磋商解决另外两个主要问题，一个是1997年后采取什么方式来管理香港，继续保持它的繁荣；另一个是中英两国政府要妥善商谈如何使香港从现在至1997年的15年中不出现大波动。简单地讲，实际上这三大问题，就是1997年问题、1997年后问题和1997年前问题。这些才是中英关于香港前途问题谈判的完整议题。

说到香港的主权归属，邓小平毫不含糊地指出："关于主权问题，中国在这个问题上没有回旋余地。坦率地讲，主权不是一

▲邓小平会见撒切尔夫人

个可以讨论的问题。现在时机已经成熟，应该明确肯定：1997年中国将收回香港。就是说，中国要收回的不仅是新界，而且包括香港岛、九龙。"

中国和英国就是在这个前提下来进行谈判，商讨解决香港问题的方式和方法。在此，邓小平重申了新中国成立以来始终不承认19世纪3个不平等条约的一贯立场。

邓小平告诉撒切尔夫人，收回香港，是全中国人民乃至全世界人民的意愿。"如果不收回，就意味着中国政府是晚清政府，中国领导人是李鸿章！"

邓小平说，在不迟于一二年的时间内，中国就要正式宣布收回香港的决策。"中国宣布这个决策，从大的方面来讲，对英国也是有利的，因为这意味着届时英国将彻底地结束殖民统治时代，在世界舆论面前会得到好评。"

撒切尔夫人见邓小平态度坚决，便退一步说："中国届时可以收回香港，但香港的繁荣离不开英国的管理。我们希望贵国收回香港后，仍由英国政府实施管理。"

邓小平笑了笑说："当然，保持香港的繁荣，我们希望取得英国的合作，但这不是说，香港继续保持繁荣必须在英国的管辖之下才能实现。香港继续保持繁荣根本上取决于中国收回香港后，在中国的管辖之下，实行适合于香港的政策。这些政策的主要特点，就是基本上保持这个地区政治、经济制度现状。"

在1997年后香港主权问题上没有达到自己的意愿，撒切尔夫人退而求其次，准备在1997年后的行政管理问题上与邓小平再作一番较量。

她不再谈"三个条约"有效，不再提"续约"之类的要求，转而采取新的策略：用主权换治权。

即英国同意在1997年把香港还给中国政府。但是，中国政府恢复对香港行使主权之后，英国可以受中国之托继续管理香港。即英人治港，而非港人治港。

撒切尔夫人说："如果不让英国继续管理香港，中国能保证收回香港后，香港不发生波动吗？据西方媒体预测，贵国若是收回香港，有可能会给香港带来灾难性的影响。"

邓小平回答："波动是不可避免的。但如果中英两国抱着合作的态度来解决这个问题，就能避免大的波动。"

邓小平接着说："中国政府在作出这个决策时，各种可能都估计到了，还考虑了我们不愿意考虑的一个问题，那就是如果在15年的过渡时期内香港发生严重的波动，怎么办？那时，中国政府将被迫不得不对收回的时间和方式另作考虑。如果说宣布要收回香港就会像夫人说的'带来灾难性的影响'，那我们也会勇敢地面对这个灾难，作出决策。"

撒切尔夫人黯然无言。邓小平随即建议将此次的会谈达成一个协议，"即双方同意通过外交途径开始进行香港问题的磋商。

前提是1997年中国收回香港，在这个基础上磋商解决今后15年怎样过渡好以及15年以后香港怎么办的问题"。

撒切尔夫人不同意以1997年中国收回香港为前提，也不同意立即发表公报。经过一阵讨论，双方同意发表一个不做任何实质性承诺的会谈公报。

会谈结束后，撒切尔夫人一脸凝重地从门口走出，当她继续往下走时，却因高跟鞋绊着石阶，不幸摔倒在石阶下，好在摔得不重，一旁的随员及工作人员立即上前将她搀扶起来。

邓小平在香港主权问题上的坚定立场令撒切尔夫人感到诧异，她回去后对驻华大使柯利达说：邓小平真残酷啊！

但撒切尔夫人此行也并不是没有收获，因为她使邓小平同意发表一个简短声明，即"双方本着维持香港的繁荣和稳定的共同目的，同意在这次访问后通过外交途径进行商谈"。

这个声明没有把中国要收回香港作为谈判的前提写进去。它或许是撒切尔夫人唯一感到欣慰的。

在此之后，中英两国代表团开始了历时两年的艰苦谈判。

撒切尔夫人十分不情愿接受1997年香港交还中国的现实。而且，她对香港现状的历史来源也不愿正视；她甚至不愿承认英国统治香港是根据鸦片战争以后的一项不平等条约造成的。

这个问题是一个焦点问题，也是一个原则问题，如果否认香港是被英国根据不平等条约占领的，那问题的前提就不存在了，

也就无所谓香港的前途问题了。

但是，历史是不以人的意志为转移的，事实就是事实，重要的是面对历史遗留问题，我们如今应该怎么办。在历史事实面前，英国终于同意就香港问题举行谈判。

但是，代表团双方从维护各自国家的利益出发，坚持己见，谈判几乎无法谈下去。

在此情况下，中国领导人邓小平提出了"一个国家，两种制度"的大胆构想，保证香港回归中国后仍实行现行的资本主义制度，而且50年不变，中国方面还承诺，香港回归后，保证英国在香港的合法权益。

邓小平"一国两制"的伟大构想突破了谈判的僵局，把谈判引向坦途，其他难题也就迎刃而解。

经过22轮的艰苦谈判，中英两国终于达成协议。

1984年9月26日，两国代表团经过近两年的22轮会谈，终于决定草签"关于香港问题的联合声明"。

中国政府代表团团长、外交部副部长周南和英国政府代表团团长、英国驻中国大使理查德·伊文思，分别代表本国政府在联合声明上签字。

这项联合声明指出，中国政府将于1997年7月1日对香港恢复行使主权，英国政府将在同日把香港交还给中国，香港将成为中华人民共和国的一个特别行政区。

1984年12月18日20时左右，撒切尔夫人乘坐一架大型民航客机来到北京。撒切尔夫人此次访华的主要目的就是正式签署中英香港问题的联合声明。

19日17时30分，中华人民共和国政府和大不列颠及北爱尔兰联合王国政府关于香港问题联合声明的签字仪式在北京人民大会堂西大厅隆重举行。

中国国务院总理和英国首相撒切尔夫人分别代表本国政府在联合声明上签字。中共中央顾问委员会主任邓小平、中华人民共和国主席李先念出席了签字仪式。观礼嘉宾有400多人，另外还有180名中外记者。

签字仪式从签名到交换文本，只用了4分钟。当两国领导人互换声明文本时，大厅里爆发出热烈的掌声。

撒切尔夫人在签字仪式上发表了讲话，她说：

《联合声明》无论在英中关系的历程中，还是国际外交史上都是一个里程碑。

撒切尔夫人指出：

中国领导人对谈判采取了高瞻远瞩的态度，对此我谨向他们表示敬意。"一国两制"的构想，即在一个国

家中保留两种不同的政治、社会和经济制度，是没有先例的。它为香港的特殊历史环境提供了富有想象力的答案。这一构想树立了一个榜样，说明看来无法解决的问题如何才能解决以及应该如何解决。

她表示：

在我这方面，我保证，英国政府将尽其所能使这个协议成功。我们将自豪而愉快地按照英国管理的最高原则来管理香港，直到1997年6月30日为止。我们将以符合人民最高利益的方式，卓有远见地和谨慎地管理香港。根据协议的规定，我们准备通过联合联络小组同中国政府磋商，以保证顺利的过渡，我们感到高兴的是，这种磋商跨越1997年直至2000年。

撒切尔夫人讲话一结束，全场的气氛立即活跃起来。邓小平、李先念笑容满面地走到撒切尔夫人面前，举起香槟酒，热烈祝贺中英双方完成了一件影响深远、具有历史意义的大事。

出席签字仪式的国务委员兼国务院港澳办公室主任姬鹏飞、国务委员兼外交部长吴学谦和中国有关部门负责人、英国外交大臣杰弗尼·豪和其他英国贵宾以及应邀专程来京观礼的101位香港各界人士，也热烈鼓掌，相互碰杯，祝贺之声经久不息。

　　10亿中国人，包括550万香港市民和全球无数双眼睛，从卫星转播的电视荧屏上，观看到中英关系发展史上这闪光的一页。近百年来，蒙在"东方明珠"上面的尘垢，在这一刻终于被冲洗干净。

　　撒切尔夫人这一天是够紧张的：参加了《联合声明》的正式签字仪式，先后同中国的领导人会晤，出席中国国务院为她举行的欢迎宴会，还要会见记者。

　　邓小平此后在会见撒切尔夫人时指出，香港问题不解决，两国政府和两国人民之间就总存在着阴影。现在这个阴影消失了，两国之间的前景一片光明。

　　英国首相对邓小平的话表示赞赏，她认为"一国两制"的构想是最富天才的创造。

　　20日，撒切尔夫人来到香港，并在香港行政立法两局联席会议上发表了讲话，说她作出了神圣的承诺，英国议会将竭尽可能使《联合声明》得以切实履行。

　　她要求香港人在《联合声明》的精神下，继续负起治理香港事务的责任。最后她说：

　　　　我们还有十多年的时间去一起为未来的转变做好准
　　备，但我肯定相信你们会面对挑战，屹立不移，香港人

的精神和进取心必然会更加旺盛，而香港社会也必然会欣欣向荣。

21日，撒切尔夫人举行记者招待会。详细介绍了中英关于香港问题的《联合声明》。

会上，澳大利亚广播公司的一个记者把香港和福克兰相比，说英国为了福克兰岛上的有限人口不惜一战，但是为什么又轻易地把有500多万人口的香港"交给"中国呢？

撒切尔夫人回答说："这位先生大概不知道1997年就要期满的租约。这是一个不可回避的基本事实，无论是英国还是世界都应该面对。"

她反问道："我请你想想，如果我们不设法去签订一项协议，将会有什么后果？"

撒切尔夫人接着说："1997年，香港百分之九十二的地方，将会在没有任何保证，没有我们现在已从协议中得到的好处的情况下，自动还给中国。对香港来说，现在的形势要比过去好得多。"

应该说，撒切尔夫人在香港问题上是一个智者。因为她能接受历史发展的规律和现实，使中国和英国之间唯一的阴影消除了，这对英国同中国的发展都大有好处。

《中英联合声明》的正式签署，使香港的未来完全明朗：

1997年7月1日，香港将回归祖国怀抱，1997年后将长期保持现行制度，由港人治港。

香港人民欢迎这个前景。12月29日，恒生指数上升到1187.54点，成为当年的新高潮。

中英通过谈判解决香港问题，也在全世界引起了积极热烈的反响。世界舆论认为，这是解决国际争端的最好典范。联合国秘书长佩雷斯·德奎利亚尔认为：中英两国解决香港问题的方式应该大力提倡，这恰恰是我们在目前的国际形势下非常需要的。

撒切尔夫人后来曾透露说，香港回归当天，她很伤心。这是"铁娘子"少有的几次"感情流露"之一。

但她仍强调说，英国人不该对香港回归耿耿于怀，因为已经到了"中国人接手的时候了"。

对于她的谈判对手，撒切尔夫人评价说："我赞赏邓小平的智慧。"

1987年，撒切尔夫人第三次当选英国首相，创下自利物浦勋爵以来连任首相的最高纪录。

对“欧共体”坚持强硬立场

1987年，美苏核谈判进入了微妙阶段，人们担心美苏在消除中程导弹问题达成的原则性协议中，美国会把西欧的利益当作筹码，并牺牲西欧的利益。为此，撒切尔夫人穿梭于欧美之间，与里根达成共识，并使里根保证了在与苏联进行的核裁军问题上不拿英国作筹码。

撒切尔夫人坚持西欧、尤其是英国要保留核武器，因为在她看来，核武器是维护世界和平与防止战争的法宝。这抬高了英国的国际地位。

撒切尔夫人与里根的谈判实际上起到了西欧代言人的作用，这使得怀有“二心”进入欧共体的“不本分的欧洲人”即英国，在西欧改变了一点国际形象。

撒切尔夫人于1987年开始酝酿提前大选。撒切尔夫人与她的前任相比，更会选择选举的时机，她第二次选举利用了马岛战争的胜利，而这一次她却准备利用大选的经济繁荣场面和自己在国际事务中的影响，尤其是西欧其他国家开始对她为核裁军问题所作的努力而有所好感的时候，她便宣布提前一年于1987年6月11日举行大选。

在以后执政的岁月里，撒切尔夫人始终把通货膨胀率控制在4%左右，而经济增长率却持续保持在3%左右，这在西方国家，只有日本能与之相媲美。

自20世纪50年代以来，战后历届政府都把高经济增长率和低通货膨胀率作为奋斗的目标。这些目标在麦克米伦的经济政策中、在威尔逊"科技白热化"的呼吁中、在20世纪70年代初希思的"平静的革命"中，都曾明确提出过。

然而，之前的每一届政府都失败了。他们对病症的判断大致

▲撒切尔夫人出席西方七国首脑会议

相同，都无法对症下药、去除病根。这不是他们缺少分析能力，而是缺乏解决问题的政治决心和铁面无私的独断手段。可是，这"决心"和"手段"在撒切尔夫人的身上找到了。

随着柏林墙的倒塌，欧共体实现货币统一的可能性逐步向现实性转化。这是所有欧共体成员国的财政大臣们盼望已久的转化。与此同时，欧共体主席德洛尔关于欧洲问题的三步计划设想也加快了步伐。

德洛尔主张首先让所有欧共体成员国加入欧洲货币汇率机制，然后实现所有中央银行的合作，最后实现经济与货币的统一。这是泛欧主义的最高象征，也是西欧联盟的真正纽带。

1990年10月28日，罗马欧共体十二国首脑会议的闭幕会上，

▲撒切尔夫人视察英国某舰队

英国首相撒切尔夫人成为受人注目的焦点。人们都希望撒切尔夫人顾全大局，不要一意孤行，不要总是与欧共体的一些政策过不去。然而人们从这位"白脸蝴蝶"的严肃面相中，发现了这位"蝴蝶"并不热情，而俨然像苏联人所说的"铁女人"那样，一脸"铁色"。

撒切尔夫人不顾多数内阁大臣们的赞同意见，断然地对1994年开始实施欧洲货币联盟的第二阶段计划投下了唯一的反对票。顿时，舆论界哗然。

撒切尔夫人对欧洲政治一体化的深恶痛绝，并非是因为担心过分一体化带来的刺激而采取一种情有可原的谨慎态度，而是出于一种充分的自信心理。她认为，实行单一货币是剥夺英国主权的行为，而这恰恰是削弱"大英帝国"在国际事务中的地位的一种开端。

自撒切尔夫人执政以来，长期患了"英国病"的英国经济从1982年起，增长速度比德国、法国和意大利都快。

与此同时，撒切尔夫人自恃与美国有着特殊的关系，是欧美关系的"中介人"，与东方大国的关系也不错，她访问过中国和苏联，同中国就香港问题签署了《中英联合声明》，同苏联的戈尔巴乔夫也几度亲切地握手。

撒切尔夫人奉行丘吉尔的"三环外交"政策，却又和丘吉尔一样刁钻，常常站在赌桌旁玩弄欧共体这张实际上对美、日和东

方都颇有分量的王牌，而自己却不太情愿加入其中，她自恃手中有核武器，不需要欧洲其他国家来保护英国。

因此，她不愿意在"出卖英国主权"的同时降低英国的国际地位，尤其是削弱了英国在欧洲扮演的"领袖角色"的地位。

然而，撒切尔夫人始料不及的是这一次所投下的唯一一张反对票，不仅没有赢得人们的"赞美"，也没有再获得"铁蝴蝶"或"铁娘子"的雅称，却注定了她在英国作为政坛之霸主的地位将一去不复返。

撒切尔夫人在她第三届首相任职期内，与欧洲共同体维系着一种若即若离、模棱两可的关系。她既想坚持自己的固有立场，又刻意要在特定时刻"为英国下一届大选准备和出于对英国经济利益的考虑"表现出一定的灵活性。

撒切尔夫人一方面坚持不列颠的主权，维护英国的"自由"和捍卫英国的利益，不甘心英国就此迅速融入欧洲共同体政治经济的一体化中，而执意要在英美"特殊关系"的基础上重新树立大英帝国的形象。

另一方面，她又不得不面对英国已丧失"超然"于欧洲共同体之外的历史条件的现实，被迫参加欧洲共同体的一体化进程，并在国内外反对她奉行对欧洲共同体政策的强大压力下，不得不在一定范围内和在一定程度上与欧洲共同体其他成员国进行合作和协调。这样，她的政策便不可避免地出现左右摇摆，令人难以捉摸。

撒切尔夫人的这种矛盾多于合作、僵硬多于灵活的政策，在她于1988年9月布鲁塞尔欧洲学院的一次演讲中，已表露得一清二楚。在那次演讲中，她明确反对共同体委员会主席德洛尔关于建立联邦主义的统一欧洲观点。

尽管撒切尔夫人支持英国在欧共体中占有一席之地，但是她认为该组织的作用只能是保证自由贸易和有效竞争。1988年，她评论道："英国的边界已经不可能回到从前，我们现在只看到了在欧洲层面进行的重新划分，这就是欧洲超级大国在布鲁塞尔策划的事情。"她认为欧洲的统一应是在对独立主权国家的联合，而且不能损害民族利益和国家主权这种双重原则。

1988年11月30日，欧洲人权法庭认为英国的拘留制度违背了欧洲法律。这在英国国会引起了巨大的争议，有人由此呼吁修改宪法。撒切尔夫人愤怒地作出了回应，她批评了欧洲人权法庭的裁决，还批评了比利时和爱尔兰拒绝引渡帕特里克·瑞安神父回英国接受指控的行为。她告诉公众："我们应该谨慎地下判断，还要好好思考受害人和潜在受害人的人权。"

在1989年6月欧共体峰会之前，财政大臣尼格尔·劳森和外务大臣杰弗尼·豪试图说服撒切尔夫人加入汇率机制，为欧元做准备，并废弃英镑的货币地位。

他们以辞职为要挟，但是撒切尔夫人和财政顾问艾伦·沃尔

特斯坚决反对这项提议，认为英镑应该能自由浮动，欧盟会员资格只会限制英国经济。最终劳森和杰弗尼·豪都辞去了职务，撒切尔夫人仍然坚定地反对欧洲货币体系。

正因为撒切尔夫人坚持如此铁定而又鲜明的仅对欧共体的立场，使英国在多数情况下在欧共体内处于绝对孤立境地。英国在重新安排欧洲的进程中始终成游离状态，在很大程度上成了局外人。

撒切尔夫人的这种僵硬立场还激化了保守党内的矛盾和分裂。紧接着内阁进行了第一次调整，1989年7月，外交大臣杰弗尼·豪因与首相在欧洲货币联盟方面的意见相左而被调出外交部。同年11月，财政大臣劳森也由于同样原因而挂冠离去。1990年11月杰弗尼·豪又由于反对首相在欧洲问题上的观点而主动辞去了副首相的职务，由此触发了撒切尔夫人的领导危机。

这位对首相一贯言听计从，对工作任劳任怨，但仍保留着副首相头衔的杰弗尼·豪已经为撒切尔夫人效忠了15年之久，这次之所以拂袖而去，坚决辞掉副首相一职，是因为撒切尔夫人1990年10月30日在英国下院答辩时，曾以斩钉截铁的口吻说："如果有人要求我们放弃英镑，那我的回答是：不！不！不！"这三个"不"字，使一贯忠顺的杰弗尼·豪忍无可忍，便于11月1日向首相正式递交了辞呈。

副首相杰弗尼·豪的辞呈固然震动了撒切尔夫人，但这还不

▲撒切尔夫人反对欧洲货币体系

足以构成对"铁娘子"权威的挑战。要命的是这位在撒切尔内阁中历任财政大臣、外交大臣、下院领袖、枢密院长和副首相等要职的老臣，在撒切尔麾下立过汗马功劳，如今他也开始了"背叛"。他在11月13日发表的辞职演讲中说了这么短短几句发人深省的话："我为党和国家做了我认为正确的事。现在该轮到其他

人考虑他们对忠诚的悲剧性冲突作何种反应了。我本人与忠诚较量的时间也许太久太久。"

他最后还吁请大臣和议员们把国家的利益摆在对首相撒切尔夫人的忠诚之上。

杰弗尼·豪这样振臂一呼，虽然还没达到那种天下应者如云的地步，但至少在保守党和下院内是投下了一枚"重磅炸弹"，动摇了撒切尔首相的根基，也震撼了英国政坛。从此，撒切尔夫人在人们心目中的威信已江河日下，颓势难挽。

就在杰弗尼·豪发表辞职演讲的第二天，素怀异志的前国防大臣迈克尔·赫塞尔廷即抓住有利时机，正式宣布了竞选党领袖的声明，向撒切尔夫人挑战。结果"铁娘子"与赫塞尔廷的第一轮决选，就为她自己的政治生涯画上了终止符。

第五章 晚年岁月

女人一生所犯最大错误，就是忘记了自己首先是一个"女人"，忘了自己该是一个温柔贤惠、善解人意的女人。

——撒切尔夫人

激流勇退宣布辞职

1990年11月19日，当伦敦威斯敏斯特宫中的两派保守党人正在为竞选保守党领袖而磨砺以待、即将拼杀之际，撒切尔夫人却盛装淡抹、雍容娴雅地含笑走上台阶，同等候在爱丽舍宫门前的法国总统密特朗握手言欢。

20日，巴黎欧安会如期举行。撒切尔夫人端坐在克莱贝尔会议中心，正在侃侃而谈、滔滔雄辩、满面春风的时刻，在伦敦唐宁街下院12号会议室里，选举保守党领袖的投票即将开始。

选举工作由"1922年委员会"主持。在投票箱前敛声屏气地端坐着主席翁斯洛和三个选定的监票人。

10时，保守党议员们鱼贯入场。由于撒切尔夫人与外交大臣赫德远在巴黎与会，特由其指定的代表代行投票。

当天18时投票结束，议员们悉数退场。会议室双门密闭，翁斯洛及监票人开始计票。

半小时后，议员们又鱼贯进入会议室，翁斯洛朗声宣布选举结果："撒切尔：204票；迈克尔·赫塞尔廷：152票；16票弃权；第二轮投票定于27日进行。"

按照保守党选举制度的规定，撒切尔夫人必须以超过第二位候选人15%保守党议席的票数才能在第一轮决选中获胜。亦即在赫塞尔廷得到152票的情况下，撒切尔夫人的得票数应不少于208票，如今她还差四票才能达到标准。

如果投票前"铁娘子"不是远隔英吉利海峡，而是亲临议会督战或在投票前能将支持赫塞尔廷的下院保守党议员再争取过来哪怕两个，她就足以渡过难关，稳操胜券了。可惜这已成定局，可惜是嗟悔无及的遗憾了。

然而，恰恰是这关键的两票，当时还有16票弃权。在两天后便结束了撒切尔夫人15年党魁和11年半的首相生涯。

当晚，她获悉她在第一轮竞选中未能获得击败赫塞尔廷所需要的票数时，先是

▶撒切尔夫人被迫于1990年11月22号发布辞职宣言

有些不相信，随后就作出了反应。

她对记者发表谈话说："我拥有议会党团中一半以上的选票，但并没有超过赫塞尔廷所获得选票的百分之十五。也就是说，我们可能会进行第二轮投票以决出最后的胜利者。"

随后，她在英国大使馆更换了正式礼服，同其他国家的政府首脑一道出席了在凡尔赛宫举行的芭蕾舞会和宴会。当时，她的精神状态极佳。

21日10时，撒切尔夫人待欧安会散会后，旋即飞返伦敦，并决心"继续努力，参加第二轮选举"。

为此，撒切尔夫人还改组了竞选班子。当时，她还听到了一些令她鼓舞的信息。

她的忠实的盟友罗尔曼·特庞特和保守党主席倍科对她说，她的第一轮失败可能是"由于组织不善和缺乏决心"，他们预测她在第二轮角逐中能够取得胜利。

但在当天晚上接见的19位内阁大臣中，就有12位要她退出第二轮决选，其中3人甚至以辞职相要挟。

至此，撒切尔夫人不得不哀叹："被抛弃的是我，抛弃者则是历来被我视为朋友的人，他们貌似坦诚，像是在为我的命运操心，实则是无情的背叛。"

最后的打击是她新确定的竞选指挥约翰·韦克厄姆带来的。韦克厄姆报告了他在议员中发现的情况："内阁是正确的，她必须辞职。"

21日晚，伦敦的上空寒气逼人。在唐宁街10号办公室的撒切尔夫人也感到了真正的寒意：

不久之前，她还非常有信心地说，她准备击败向她发起挑战、争夺保守党领导权的前国防大臣赫塞尔廷。

她当时激情万丈地宣布："我要继续战斗，我要战斗到胜利！"

在下院作关于欧安会巴黎首脑会议的报告时，她的情绪也一直不错。

随后，撒切尔夫人在下院她的办公室里，会见内阁大臣和她的老盟友。

然而此时，他们中的大多数人却传达了令她失望的信息：在她第一轮竞争中未能完全击败赫塞尔廷之后，基层民众已失去信心。支持她继续干下去的人已经不多。

也就是说，保守党党内的大部分人都希望她退下来。保守党议员爱德华·尼说，这就像发生了一次宫廷政变。

伦敦一家大报的记者也发表文章说：

撒切尔夫人在几小时内就认识到，她已经脱离了现实，她的支持者们只是把着眼点集中于她早期的胜利，而对她其后的执政已经失去了信心。

由于投票之后反对首相的声浪高涨，冲击着保守党的后座议员，以及"撒切尔时代已经结束"的观点在他们中间日益传播，加上昔日忠于首相的内阁大臣纷纷背叛或多持保留态度，撒切尔夫人眼看大势已去，被迫于1990年11月22日宣布退出竞选，同时宣布辞职。

从1975年撒切尔夫人成为保守党的领袖到1990年辞职，撒切尔夫人担任保守党领袖达15年之久。

在撒切尔夫人的领导下，保守党连续三次赢得大选，这在保守党的历史上也是一个辉煌的奇迹。

担任首相期间，撒切尔夫人推行了一系列的社会经济改革，创造了所谓的"撒切尔奇迹"，她的一系列政策措施也被冠之以"撒切尔主义"。由于其不畏艰难、锐意改革的形象，她还赢得了"铁娘子"、"好斗的玛吉"的美誉。

撒切尔夫人在任英国首相11年半之后，在政治的旋涡中激流勇退，不能说不是一个明智的选择，尽管颇感"冤枉"也罢。政治，毕竟是最残酷的职业！那么，究竟是什么原因使保守党人竟然舍弃了他们多年的领袖呢？

这里面有其深层次的原因。玛格丽特·撒切尔夫人是自温斯顿·丘吉尔以来英国最老练的政治家，她一向具有坚定的思想并站在斗争的前列。这带给她无数次的帮助，但是却未形成一个愉快的内阁。

她的大臣们有时抱怨说，内阁中和内阁委员会的争论太多了，因为撒切尔夫人非常喜欢公开进行激烈的争论。随着时间的流逝，钦佩她的人少了，不满增加了，越来越多的人加入了对她抱有敌对情绪的人的行列。

另外，自"二战"结束后，历届政府都回避改革地方政府的财政问题，认为这个问题太棘手，但撒切尔夫人明知山有虎，偏向虎山行。结果付出了沉重的代价。例如，许多以前支持她的人都因为实行人头税这个新制度而疏远了她。而人头税并不是人们对政府普遍不满的全部原因，还有一个原因是因政府的行为致使银行利率大幅度上升。

下院对撒切尔夫人不满意还表现在她对欧洲问题的处理方式上。这个问题已成为英国政治中的首要问题。

这倒不是说，撒切尔夫人在与欧共体其他成员国进行谈判时，有什么地方损害了英国的利益，相反，她在各种场合、各种角度都极其固执且巧妙地维护英国的利益。但令人遗憾的是，她的粗暴作风使她树立了众多的敌人。

11月22日，撒切尔夫人辞职的当天，即从唐宁街10号把其家产全部搬出，这标志着英国政治中一个时代的结束。她在保守党员的眼泪、赞扬及相互责备的气氛中结束了她的统治生涯。

当天，撒切尔夫人在离议会不远的首相府唐宁街10号为那里

的工作人员举行告别晚会。

这显然不是一个喜庆的晚会，许多大臣在这里都为她的辞职流下了留恋的热泪。

11月25日，撒切尔夫人又特地来到她的乡间别墅，向在这里曾为她工作的同事告别。

当时许多人都哭了，一位工作人员说："我们都对她的辞职表示遗憾，真不知道还有谁能取代她的位置。"

还有一位工作人员深情地说："真舍不得走，她待我们就像朋友一样。"

一些报纸也发表了文章，称她为20世纪和平时代最伟大的首相，有的文章甚至称赞她可与率军与罗马帝国作战的英女王相媲美。

世界各国对撒切尔夫人辞职表示钦佩，美国总统布什得知撒切尔夫人辞职后说："她是英国的一位杰出的首相。就个人而言，我会想念她，因为我珍视她长期经验积累得来的智慧。"

苏联外交部发言人格拉西莫夫说："我们将永远记住她对西方和苏联建立的良好关系，以及作出的伟大贡献。"

法国政府发言人宇贝尔·维德尼拿说，密特朗总统已于22日给辞职的英国首相撒切尔夫人寄了一封信，总统在信中称：

她标志着她的国家和欧洲的历史的一个重要时刻。

德国总理科尔的秘书长说："她已经成为历史的一部分。她选择辞职是明智的。"

南非总统德克莱克赞扬撒切尔夫人在全世界压力面前仍反对制裁南非，与比勒陀利亚站在一起。

他说："撒切尔夫人相信南非在民主道路上有能力解决自己的问题。我们对她的辞职表示钦佩。"

1993年10月30日，撒切尔夫人在卸任近三年之后，意气风发地飞抵巴黎，出席她那回忆录《唐宁街岁月》一书的首发仪式。在巴黎，她接受了法国《费加罗报》对自己的采访。

当记者问到她在"管理英国达十多年时间"里，"什么事情"最使她"感到自豪"时，这位英国前女首相不假思索地朗声答道：

"我使英国恢复了声望，使其经济得到复兴，并削减了税收。我清除了行政管理方面的繁文缛节，大力推行国家企业私有化计划。最后，我还谋求对工会进行改革，这是当年丘吉尔都不敢做的事情。"

卸任辞职后，离开唐宁街10号首相府的撒切尔夫人仍然不甘寂寞，不仅经常发表言词，议论英国"朝政"，而且还不时扮演她还想"重新塑造世界事务"的角色。

卸任之后，撒切尔夫人很快就迈入了"古稀"之年，但她仍

然精力充沛，活动频繁，直来直去，能言善辩，议论中仍不乏辛辣味和攻击性。

卸任以后，撒切尔夫人还经常出国访问，例如，1995年3月对中国和香港的访问。

1996年11月，她又因香港问题来中国专访，并受到时任中华人民共和国副主席的荣毅仁等的接见。

承受丧夫之痛

2003年1月，撒切尔夫人的夫婿丹尼斯·撒切尔爵士在两周前再度感到不适而住院，并接受心脏手术。

6月26日，丹尼斯·撒切尔爵士因心脏病突发，不幸在伦敦利斯特医院逝世，享年88岁。

撒切尔家庭的发言人说，丹尼斯·撒切尔在伦敦利斯特医院中安然去世时，他的家人随侍在旁。

在丹尼斯·撒切尔爵士再度住院时，他的医生本来希望为他再作进一步的检查。他在医院时心情快乐，撒切尔夫人也曾多次探望他。他们俩的儿子马克特别从南非飞返英国，在父亲弥留期间在病榻旁守候。女儿卡罗尔也从瑞士返抵伦敦。

撒切尔夫人这样缅怀她的丈夫："担任首相就得承受孤独，你无法在群议纷纷里领导国家。然而我从未感到孤单，因为有丹尼斯的陪伴。他是多么好的一位丈夫啊！"

在西方国家的要员经常曝出绯闻的今天，撒切尔夫人与丹尼斯·撒切尔爵士相识相知相爱，他们半个世纪相濡以沫的完美婚姻，成为爱情忠贞的典范受到世人的广泛传颂。

1953年，丹尼斯和玛格丽特的双胞胎儿子马克和女儿卡罗尔出世，使家庭更加温馨幸福。

▲撒切尔夫人幸福的一家四口

丹尼斯·撒切尔曾在皇家炮兵部队中服役，后来从事石油生意，成为百万富翁。他把自己在石油生意中所赚的钱用来帮助妻子玛格丽特继续从事自己的事业。

1975年，玛格丽特·撒切尔夫人担任保守党领袖并当选为英国首任女首相。她处理内政外交干练果断，政绩突出，名扬世界，被称为"铁娘子"。丹尼斯·撒切尔则巧妙地扮演了"紧随其后"的角色，显示出为她奔波并参与社交活动的热情。

1984年，爱尔兰共和军在爱尔兰海滨城市布莱顿炸毁了撒切尔夫人出席保守党年会下榻饭店，丹尼斯当时就同夫人在一起共历艰险。

2002年底，76岁的撒切尔夫人与87岁的丈夫在马德拉群岛度假，庆祝两人的金婚。在举行纪念活动时，撒切尔夫人突然轻度中风，行动不便，言语不清。丹尼斯立即送爱妻到医院治疗，并在劝她退出公开的政治演讲中起到了关键的作用，使她的病情得到及时有效的控制并很快康复。

丹尼斯常说："作为首相的丈夫应随时伴随她左右。"他在生活上无微不至地关心妻子，在政治上常提中肯建议，在经济上又是坚强后盾，给了撒切尔夫人以巨大的鼓舞和支持。

撒切尔夫人曾经在1985年担任保守党领袖十周年之际承认，"没有丹尼斯我将无法做到这一切"。她在自传《唐宁街岁月》中又这样写道：

> 如果没有丹尼斯在旁，我根本没有可能担任首相超过11年。他是精明的建议与事件深刻洞悉的源泉。半个世纪的相处让我感到没有丹尼斯的支持我将一事无成。

从这些话中可以看出丹尼斯对爱妻帮助之大。撒切尔夫人能成为英国历史上任期最长的女首相，成为世界上权力最大的女人，将她的政治生涯推向顶峰，她的丈夫丹尼斯可谓居功至伟。

正如国际媒体所报道的："人们普遍认为，丹尼斯·撒切尔是玛格丽特·撒切尔夫人这位当代重要政治人物的坚强后盾。"

撒切尔夫人失去相濡以沫五十多年的丈夫，精神上遭受重大打击，终日沉浸在无尽的痛苦和哀思之中。

7月3日，头戴黑帽、身穿黑色丧服的撒切尔夫人手捧玫瑰花环，在从南非和瑞士赶回来的儿子马克和女儿卡罗尔的搀扶下，来到位于伦敦郊外的切尔西皇家医院参加夫君的葬礼。

120位亲属和老朋友也应邀出席了隆重的送别仪式。当面容憔悴、悲痛欲绝的撒切尔夫人出现在葬礼上时，在场的所有人都为这生离死别的凄凉场面黯然泣下。

撒切尔夫人的前任新闻秘书称："对于撒切尔爵士的逝世我感到万分悲伤，我对他有着很多美好的回忆，他不仅是首相的丈夫也是首相的帮手。"

布莱尔的内阁成员约翰称："在英国，无论男女老少，也无论他们的政治信仰如何，丹尼斯都赢得了他们的尊重与深深的爱戴。他对撒切尔夫人的政治生涯作出了巨大的贡献。他一直在幕后给予她支持和力量。"

英国首相布莱尔得知撒切尔爵士逝世的噩耗后，立即向撒切尔家族表达了他最深切的同情。他说："丹尼斯·撒切尔是一个成功的商人，一个为家庭付出了一切的男人，一个忠诚的朋友；同时，也是一个令人忘忧的伙伴。正是这些品质，使他能够在撒切尔夫人的整个政治生涯中提供极大的支持。"

对于这些赞语，丹尼斯·撒切尔爵士是当之无愧的。外国显要人物追求变相的一夫多妻制绯闻，不断地出现在报刊上。丹尼斯·撒切尔则与他们迥然不同。

在玛格丽特·罗伯兹还是普通议员时他们相识相爱结婚。丹尼斯不是显要人物，做石油生意发财成为百万富翁后才跨入富人行列，但他从未花心移情别恋，而是忠于爱情，恪守责任，热爱家庭，为家庭付出了一切。

甘当绿叶扶红花，甘心为世界上权力最大的女人巧妙地扮演了"紧随其后"的角色，在政治上、经济上、生活上给了爱妻"铁娘子"以巨大的帮助和支持，为把妻子的政治生涯推上顶峰，他作出了不可磨灭的宝贵贡献。

如果说一个伟大的男人后面有一个杰出的女人，那么，对于撒切尔夫妇，可以说是在一个伟大的女人后面有一个杰出的男人。

撒切尔夫妇相濡以沫长达半个多世纪的坚贞爱情和完美婚姻，堪称当今西方世界的爱情经典，不仅促成了撒切尔夫人在政治上的巨大成就，还使她赢得了世界政坛上"铁娘子"的美名。

　　自从她丈夫去世后，这位在担任首相11年中改变了英国的"铁娘子"面容消瘦，不成样子，需要别人的帮助及关心，身体也十分脆弱。虽然撒切尔夫人曾有多次中风纪录，健康状况大不如前，但她仍坚持经常回办公室工作。她的女儿称"妈妈仍很坚强"。

　　他们是幸福的，他们的幸福似乎并不是因为金钱和权力，而是因为他们相互拥有了对方而幸福。他们作为当代夫妻的楷模，还得到了国内外公众的热烈赞扬和广泛传颂，这在西方国家更是难能可贵。

为不肖儿奔波操劳

在伦敦海德公园附近，有一所幽静的住宅，英国前首相玛格丽特·撒切尔夫人就隐居于此。

古稀之年的撒切尔夫人坐在窗前，注视着窗外海德公园的美景。自从2003年丈夫丹尼斯·撒切尔去世后，在英国政坛叱咤风云多年的"铁娘子"，开始流露出胆怯和犹豫，记性也越来越差。

五年来，她一直待在海德公园附近切斯特广场的这栋住宅里。她十分孤独，每天早上醒来后，无事可做。从前，她一直坚持为丈夫做早饭，这个习惯从新婚燕尔持续到老，即使身为首相时也是如此。但现在，没有人来吃她的早餐了。

她只好在自己的餐厅里挂上了丈夫的画像。每一次吃饭时，她坐在画像的对面，和"丈夫"说话。有时候，卡罗尔回家了，她就变得异常高兴，一边吃饭一边不停地说："女儿，你父亲没

有离开我们，你看到他了吗？"

卡罗尔难过地低下头，她握着撒切尔夫人的手，一遍遍向她重复一个事实："亲爱的妈妈，爸爸再也不会回来了。2003年，他做完心脏搭桥手术五个月后就去世了。是您把他送到墓地的，您记得吗？那一年他都88岁了，所以您不要难过。"

撒切尔夫人的身子抖了一下，她短暂地清醒过来，像个无助的孩子一样，迷茫地看着女儿，眼里涌出泪水，喃喃自语："丹尼斯！"曾经，丹尼斯骄傲地对她说："我和一个了不起的女人度过了几十年的美好时光，我所能做的一切就是爱和忠诚。"

丧夫之痛占据了撒切尔夫人的心灵。有一天凌晨1时，她突然醒来，穿戴整齐，一身盛装，要求去墓地看望丈夫。幸好家门前的警卫不让她离开。得知此事后，她有限的几个好朋友赶来家中："夫人，您需要一个全职看护了。"

退休以来，撒切尔夫人最大的寄托，就是和所有名人一样，接受世界各地的邀请，到处发表演讲。她依然保持着英国上议院议员的身份，在一些重要的日子里，

▲撒切尔夫人做家务

她会出现在上议院的会议上。她满足于这样的生活，感觉到自己仍然活跃在聚光灯下。当时，她很开心地在伦敦东南部萨达克区的道尔维奇购下了一处别墅，准备和丈夫丹尼斯在那里度过一个美好幸福的晚年。

但她终究搬了家，住进伦敦市中心现在的住所里。原因之一就是，她的年纪越来越大，从市区送医院方便些。此前几个月的一天，她被送往医院，又再度被抢救过来。

昔日叱咤政坛的"铁娘子"如今的暮年生活显得那么孤单落寞、晚景凄凉。岁月不饶人，对于老年的撒切尔夫人来说面临的最大问题就是身体大不如以前。更让她痛苦不堪的是，她正经历老年痴呆症的折磨。

几乎可以说，直到今天"撒切尔"这个名字仍然经常会出现在全世界的媒体上，因为这个名字总是用来指代"撒切尔主义"。

由于数次轻度中风，撒切尔夫人将不再进行任何公开演讲，同时退出一切社交活动。不过此后英国议院还是经常邀请她前往。大多数时候撒切尔夫人只是坐着听，不发表什么看法。

撒切尔夫人的记忆力在中风后大大受损。她几乎从不读书看报，这对于她已经"毫无意义"，因为她几乎是看了下句忘了上句，有时候甚至是一句话没有读完就忘了开头。

不能通过媒体再来获取信息，这对于撒切尔夫人来说是莫大

的痛苦，毕竟她曾经拥有惊人的记忆力，能随口说出多年前的经济数据。不过她患上的健忘症非常奇怪，她能清楚地回忆起半个世纪前的事情。

有一次，她的一位朋友来看她，在交谈中对方随口说道："哦！这简直就像战时的定量配给！"撒切尔夫人在听到"定量配给"后眼睛一亮，萎靡的她忽然容光焕发，滔滔不绝地和朋友讲述起了"二战"时的很多往事，包括她如何将单调乏味的猪肉罐头烹调成美味食品的每一个小细节。

撒切尔夫人变得越来越虚弱，日常生活已受到影响。一次，撒切尔夫人自己也私下告诉朋友，她经常睹物"忘词"，怎么也想不起一些熟悉事物的名称。

身体上的衰老毕竟与岁月有关，撒切尔夫人或许还能忍受，但精神上的折磨也许是她怎么也过不去的坎。虽然开辟了一个时代，在位时也是人缘很广，但撒切尔夫人的晚年生活很是凄惨，就连朋友都是少之又少。

撒切尔夫人身边仅有一些工作人员陪伴。她很少看电视，不大喜欢出门，甚至经济也不算富有，像一个普通的老年孀妇一样，过着寂寞的日子。此外，精神上很受伤害的她还不得不为自己的孩子操心。无论是昔日叱咤风云的政坛人物，还是今日深居简出的老妇，撒切尔夫人始终不变的角色是妈妈。

撒切尔夫人的女儿卡罗尔·撒切尔2005年在澳大利亚参加了

一个野外生存挑战节目后，获得"丛林女王"称号，成了另一个"铁娘子"。儿子马克曾经宣称在一生中他只对妈妈撒切尔夫人、他自己以及上帝负责，然而他非但未能对妈妈负责，相反给"铁娘子"带来了很多麻烦。

2004年3月29日，赤道几内亚发出了全球通缉令捉拿马克。如果不是他的姓氏，马克·撒切尔无论是再婚还是被通缉，人们不会太注意。但他是英国前首相撒切尔夫人的儿子，一切就不一样了。这个西非国家的总检察长何塞·奥洛·奥博诺气恼地说："我们有证据，四年前他在我国煽动了一场未遂的政变。可我问过国际刑警组织，没有人知道他现在在哪里。"

话音刚落，英国记者就在西班牙的太阳海岸发现了满不在乎的马克。他拍拍记者的肩膀："我结婚了，就在两天前，在英属直布罗陀的一个政府办事处里，是秘密婚礼。"

"撒切尔夫人不知道你再婚？"

"哦，你登报了，她就知道了。"

第二天，马克远在瑞士的姐姐卡罗尔看见了报道，她气急败坏地说："妈妈的身体每况愈下，与我这个不争气的弟弟脱不了干系。"

2004年8月，马克就因涉嫌参与赤道几内亚未遂政变在开普敦家中被捕。

2004年圣诞节前夕，撒切尔夫人不得不拖着病体远行，为其

筹措了16.7万美元的保释金。官司2005年1月13日告结，马克获准保释离开南非。2006年，马克因另一起官司又再次入狱。

很难想象，温文尔雅的丹尼斯和铁腕作风的撒切尔夫人，怎么生了一个惹是生非的马克！

对于弟弟惹的麻烦，卡罗尔无比难过："我担心妈妈，这对她的身体一点也没有好处。"

应该说，马克还是很了解她妈妈的处境，作为人子有同情之心，他说："自从18年前告别唐宁街10号之后，我妈妈没再过上一天真正意义上的好日子。"

落寞的老妇生活

岁月不饶人，老年的撒切尔夫人面临的最大问题就是身体大不如以前。撒切尔夫人晚年，独自居住在伦敦的一所公寓里，像一个普通的老年孀妇一样，过着寂寞的日子。

撒切尔夫人的女儿卡罗尔在即将出版的《在金鱼缸里游泳》一书中告诉读者：妈妈患上痴呆症，几乎无法拼凑出一句完整的话，"现在，只有当她谈及唐宁街首相府的生活时，才能偶尔看到当年的影子。"

卡罗尔写到，她一直认为妈妈永远不会老，也不会受到伤害，妈妈在她心中是钢铁般坚毅的女强人。从前她对妈妈说话从来不用说第二遍，因为妈妈有着令人惊叹的好记性。

然而现在，年迈的撒切尔夫人不厌其烦地问着相同的问题，根本没有意识到她自己在做什么。

撒切尔夫人还一次又一次地忘记她的丈夫在2003年已经去

世。卡罗尔说："我需要不停地告诉她父亲已经去世的坏消息。"

卡罗尔说，妈妈常会发问："我的车子什么时候来？我该几时去见美发师？"这类问题，她如今会不断地重复提出。

英国保守党主席肯·贝克称赞她是英国"在和平时代最伟大的首相"、"世界的一位杰出领袖。"

但也有很多英国人曾为她的下台感到欢欣鼓舞，他们认为，一场"全国性噩梦"结束了。

据说，晚年撒切尔夫人很少有知心朋友，她过去在唐宁街结

▲撒切尔夫人与丈夫、女儿在一起

交的所谓政界好友几乎从不和她来往。

2002年10月77岁寿辰时，她只收到了区区四张生日贺卡，她原以为至少会收到几十张。这样的现实让"铁娘子"很伤心。

孤独的撒切尔夫人把她77岁生日时收到的可怜的四张贺卡仔细地摆放在壁炉台上，她似乎想以此来警示自己，她没有就此退缩，而是继续她一贯的"铁风"。

在2005年10月13日80大寿时，她大摆宴席为自己力挽颓势。让她欣慰的是，包括很多政要和各界名人在内的六百五十多人前来捧场。

与撒切尔夫人有着30年交情的一位朋友说，"她虽然被奉为大众偶像，但真正的撒切尔夫人却早已被人们遗忘。"撒切尔夫人晚年几次被媒体关注，都是因为自己的身体问题，或者自己制造出来的新闻事件。

但这个"过气"的政治家，有着绝对属于她的巅峰时代。

撒切尔夫人在最初步入英国政坛的时候，包括对于工党的"社会主义"，她都深恶痛绝。20世纪70年代中期跻身保守党领袖后不久，其激烈的反苏言论便为世人瞩目。

当时欧洲大陆正笼罩在"缓和"的祥瑞气氛中，撒切尔夫人却率先对"缓和"提出质疑和攻击，认为苏联的"缓和"政策不可信，指责苏联在"缓和"的烟幕下发展强大的军事力量，对西方的压力有增无减。

1976年，她说苏联是对西方世界的"最大威胁"。撒切尔夫人的这些基于"强硬立场"的讲话，言辞激烈而尖锐，在世界上引起了强烈的反响。工党政府的国防大臣罗伊森批评她是"冷战斗士"。

而苏联官方宣传机构塔斯社则把她戏称为"铁女人"、"冷战专家"，并发动了对她的攻击和谩骂。

有一幅苏联漫画画着撒切尔夫人骑着一把扫帚飞越英国国会大厦上空，标题是"西方的邪恶女巫"。

在1978年的大选中，撒切尔夫人还以此标榜："俄国人说我是铁女人，他们说对了，英国就是需要一个铁女人"，"这是对我的最好的赞扬"。

人们不能忘记一个时代名词，那就是"撒切尔主义"。有人曾经问撒切尔夫人："你做了哪些改革？"

她回答说："我改革了一切。"

在1979年撒切尔夫人上台的时候，国内经济衰退，特别表现为通货膨胀、高失业率和投资萎缩。在国际上，由于长期患"英国病"，英国"欧洲病夫"的形象突出起来。

她认为，病根在于国有企业。为此她大力推行"私有化"的政策，将国有化企业的股份卖给私人，使人们都成为企业的股东，造成一种"大众资本主义"。这一私有化的措施便是左翼分子深感厌恶的"撒切尔主义"。

在向国营企业开刀的同时，她也向工会开刀，削弱工会的权利，进行工会改革；又对工人罢工采取了强硬立场。

她认为，任何立法如果不体现为强硬的行动，就会流于形式。然而，她的这一政策却造成严重的失业问题，使撒切尔特别不受英国传统采矿地区工人们的欢迎。

她还决定停止长期以来英国"国家当保姆"的福利政策，使之更经济、更有效，但这一政策同样在国内引起反对风波。

面对失业人数剧增、罢工浪潮不断，不少同僚强迫她增发通货50亿美元，以保障经济的恢复。

然而撒切尔夫人愤然疾呼："听着，我这个女人可不是任人摆布的！"

▲撒切尔夫人发表演讲

"作为一个女人，你应该具有同情心。"有人这样评价她。而丈夫丹尼斯的反应是："同情这个词从来就没有出现在她的字典里。"

1979年撒切尔夫人在踏上唐宁街10号台阶的时候，对其支持者说出了著名的一段话：

混乱处我们带来和谐，

错误处我们带来真实，

怀疑处我们带来信任，

沮丧处我们带来希望。

即使是撒切尔夫人最坚定的支持者恐怕也很难举出一个例子，可以证实她执政11年中给英国带来的"和谐"。

但英国之外的很多人都对撒切尔夫人非常尊重，尤其是在不少国家的女性心中，撒切尔夫人曾经是她们崇拜的偶像。

一个女孩问男孩："你长大以后想做什么？"

男孩说："当首相。"

女孩很吃惊："男人也能当首相吗？"这个女孩就是当年的玛格丽特·撒切尔，后来的英国首相撒切尔夫人。

那个当年的首相梦，被撒切尔夫人实现了。

古稀之年的风光

2005年，撒切尔夫人度过了自己的80岁生日，来宾包括女王、爱丁堡公爵、亚历山大公主和首相布莱尔。

在她收到的贺词中有一份这样写道：

> 您的最大成就是同时改造了保守党和工党两个政党，因而随着工党上台，撒切尔主义的政策得以全盘延续下来。

10月13日，在英国首都伦敦，英国前首相玛格丽特·撒切尔夫人抵达生日宴会现场。

当日，庆祝撒切尔夫人80寿辰的盛大宴会在伦敦一家酒店举行，包括英国女王伊丽莎白二世和英国现任首相布莱尔在内的数百名贵宾参加了宴会。

2005年10月13日，这位昔日的大人物迎来80大寿，不管是多年的朋友还是曾经的政敌，很多人专门给撒切尔夫人发来生日祝福，高度评价她。

综合英国多家媒体报道，撒切尔夫人在媒体上抛头露面的频率不是很多。

早在撒切尔夫人1979年至1990年任英国首相期间，她与当时的美国总统里根交好，英美两国合作密切。

2004年，撒切尔夫人赴美参加多年老友里根的葬礼。悼词是数月前录制好的，经历了几次小中风后，她的表达能力已今不如昔。

在举行生日宴会前不久，撒切尔夫人于"9·11"恐怖攻击事件五周年之际，应美国副总统切尼之邀，亲赴美国华府，参加"9·11"恐怖攻击事件五周年纪念典礼。

2001年9月11日，从华盛顿飞往洛杉矶的美洲航空公司航班客机在途中被恐怖分子劫持，撞毁了五角大楼西侧一角，造成该机和地面上184人遇难，其中多数为五角大楼工作人员。

美国国防部举行仪式，纪念"9·11"事件五周年。美国副总统切尼、国防部长拉姆斯菲尔德、参谋长联席会议主席佩斯，以及美国军方和政府代表、"9·11"事件遇难者家属数百人参加了当天的纪念活动。

纪念活动在"9·11"事件中五角大楼西侧被客机撞击的地

点附近举行。

当地时间上午9时37分是航班客机撞向五角大楼的时间，参加纪念仪式的人员在这一时刻全体默哀，悼念184位死难者。

美国国务卿赖斯在美国国务院主持仪式，纪念"9·11"事件五周年。80高龄的撒切尔夫人在11日当天参加了教堂弥撒仪式，并与美国副总统切尼以及部分"9·11"事件遇难者的亲属出席了这一活动。

撒切尔夫人接下来参加了国务院举行的追思典礼。撒切尔夫人还于当年4月，参加了美国前国防部长温伯格的葬礼，亲临致哀。

尽管总的来说媒体对她的报道不多，但是，80寿辰无疑使她重新回到了全球媒体的聚光灯下。

在她的生日到来之前，她收到了来自四面八方的祝福和问候，其中充满了对她的敬佩和称赞。

撒切尔夫人曾经是英国保守党领袖，所以，现在执掌保守党的迈克尔·霍华德高度评

▲撒切尔夫人晚年

价了撒切尔夫人，将她与著名首相温斯顿·丘吉尔相提并论。

曾经在20世纪90年代激烈攻击过撒切尔夫人的前议员洛德·豪也表示，虽然撒切尔夫人执政的11年经历了成功和失败，但不可否认那是一段辉煌成就期。

撒切尔夫人的一对双胞胎儿女也会在晚宴上亮相，给妈妈送上生日祝福。

其实，自从离开英国首相的宝座以来，撒切尔夫人已经不再是当年的"铁娘子"，她的生活低调、寂寞、凄凉。

不过，虽然在相当长的时间内很多人已经淡忘了撒切尔夫人，但每到关键时刻，撒切尔夫人还是会"挺身而出"，为保守党出力。

撒切尔夫人的执政风格

    撒切尔夫人的执政风格来源于她对基督教伦理道德的坚定信仰，有人称她是第一个竭诚信奉基督教的首相。她对主教派教会事务的插手程度无疑要比当今任何一位首席财政大臣大得多，并且从她的政策便可完全看出，这些政策都是遵照她从卫理公会教堂全盘接收来的基本的是非观。

    她高度重视婚姻和家庭也属同一范例，就如她坚信应该准许人们按照自己的秉赋去发展，应具有基督教信条非常珍视选择的自由。

    她曾经说过："我们的宗教教导我们，每个人都是卓越的，只能他自己能拯救自己。而社会党人却把社会放在第一位，要人们学会如何去适应它；我们则把人放在第一位，人之社会和经济关系恰恰是更广泛的生活方式的一个部分。"

    "宗教尊重经济活动，它教会我们如何谋生，如何创造财

富，但告诫我们切勿对它沉迷，切勿把它奉若神明。金钱本身不是目的，而是达到目的的一种手段。"

"恰逢经济状况明显恶化时政府日益加紧卷入经济生活。它使不同的劳动者之间的紧张关系加剧，一些人力图维持差别，而另一些人则试图缩小这种差别；它也加剧了生产者和消费者、地主和佃户、公共事业和民众之间的紧张关系。"

"评论这些事情无意否认政府在经济生活中的作用，也不是在鼓吹不干涉主义。不干涉主义在两个世纪前就被鼓吹过，那是工商业正努力从阻挠它们发展的国家垄断和干涉中努力挣脱出来的时期。国家有许多事情有待去做，并且需要比现在做得更为出色。但是这个国家还有一些固有的限制，这些限制存在已久。"

"要理解为什么并且如何提出来这些限制，我们一定会回想到人的本性。我们的理解和论辩事实上是以宗教和常识为基础的，它们远比社会党人的学说合理得多。然而社会党人对事物的歪曲却因它的这些欠缺而成功地得到了广泛承认，甚至连我们自己的人民也承认了它。我提到自身利益的问题意在反对共同利益。社会党人已经可以说服他们自己和其他许多人相信，以利润为基础的自由经济体现和刺激了自身利益，这在他们看来是极其自私和邪恶的；而他们宣称社会主义是建立在利他主义和大公无私的基础上的，并培养了利他主义和大公无私的精神。"

"在理论上和实践上这种论调都是没有根据的一派胡言乱

语。因为人是社会的创造物，他在家庭、家族、社区、国家中诞生，在互相依赖中成长。我们宗教的创始人把这一观点作为道德的基础。'爱邻如己'，'己所不欲，勿施于人。'，这些训条表达的就是这层意思。它们并不意味着贬低自我，或把对别人的爱放在自我之上。恰恰相反，它们把对自我的关心和对自我的负责视作是别人所期待的事情，并且只是要求把它扩展到其他人身上。这就体现了一条伟大的真理，亦即关心自我便是关心他人的基础。孩子是通过自己最初对最亲近的家庭的感情学会理解其他人的，到时候他就会去关心他人。"

这些信念代表了撒切尔夫人的本质。也正是这个信念解释了她在第一个四年的执政期间为收回国家领地而拼搏的战斗热情。她作出的每项决定蕴含着她的那些正确与错误的准则，它们也能说明她何以具有不屈不挠的意志。是非分明的生活观，以及缺乏想象力或者对辩论真正感兴趣。

据一位同事说，在1983年5月宣布大选日期前，玛格丽特·撒切尔在她的一次讲话中出了错，她在讲话中说："玛吉可能会赢，玛吉可能不会赢。"这位同事冲动地说："玛吉一生中做事从不优柔寡断。玛吉明白得很，她不是说'是'，'不是'，就是说她还正在考虑，但她是很明确的。"

这就是真实的玛格丽特·撒切尔，在许多方面她是自己政府里的最严厉的批评者。她很清楚她想要做些什么，并因不能及时

把她所想的变成现实而感到非常的痛苦。政府机构的工作效率实在太低，她感到不耐烦了。她很想能在一夜之间改变整个国家的面貌，就像她撕去旧糊墙纸，再贴上一层更漂亮的糊墙纸一样，一下子改变了数十间破旧、肮脏的房间的面貌。

玛格丽特经常这样呼吁："给我提供一些新的见解，不要尽给我一些毫无意义的见解。好好动一番脑筋，我们怎么才能使国家有所改变？给我提供新的见解。"

她虽然寻求改变事物，但却绝非是一位创新者。担任过她几年私人顾问的人总结说，她是"最保守的激进分子"。她缺少想象力，以致不能使现政府机构思路开阔。她一直对工业上的新技术，对学校里计算机阅读和写作的能力，对政府部门之外的高效率工作感兴趣，而对政治顾问们提出的对政府机构内部进行改革以提高整个政府工作效率的设想却全

▲英国女皇前来祝寿

部当作耳边风。对于政府观察员来说，他们所需要对付的基本问题是：什么才是有效率的政府；公民是怎样同它保持联系的；怎样才知道它是廉洁的，以及它是怎样同议会相处的。

但是，这些都是范围很广和极为复杂的问题，玛格丽特和其他政治家一样害怕涉及她所不熟悉的东西，同时也不愿委托其他人加以解释。其中有一个问题是：政府内没有一名专职的管理人员；大英帝国的文官或国会议员没有受过什么正规训练。因此，英国在很大程度上是由非专业性人员控制的。

但是自相矛盾的是，虽然玛格丽特本人受过两次正规训练，第一次是学习化学，然后又学习法律，并且还坚持要女儿卡罗尔和儿子马克都接受正规教育，但她还是反对在体制上作任何剧烈的变革。使她的顾问们感到丧气的是，尽管她说话一向大胆直率，但她已像过去的首相一样，也很爱听她的文官们阿谀奉承了，在一定程度上她现在已变得像他们所说的是"一道政府的政治帘子"。

虽然人们普遍认为至少在表面上她比希思更激进，实际上在她的许多政策方面同特德·希思在1970年2月就任首相前的"塞尔斯登人"政治声明中所概括的政策十分相似，在有些方面，希思易左右摇摆，士气低落，然而这一切她都承继下来了。

由于把女性的直觉同机缘结合了起来，她明确表达了这个国家的许多人能够意会但不能言传的东西，这种才能，在拿破仑看

来是当元帅的首要条件。

她曾经讲到："这个国家的妇女从未有过一位了解她们所知道的事情的首相，而我们所知道的事情与男人们所知道的事情是截然相反的。任何懂得主持家务会遇到的问题的妇女一般都能接近于懂得管理国家所遇到的那些问题。"

她时常重复这类观点，虽然这些观点过于简单化了，但它们却反映了她管理好家政的基本哲学，这一哲学使大多数对政治不太感兴趣的人也能投身到政治中来。她改变了支持保守党力量的整个平衡；她失去了百分之五的A阶层，B阶层和C1阶层的选票，然而却赢得了百分之十一的C2阶层的选票，C2是熟练工人阶层，以前它从未投过保守党的票。

首先是她说话直率，开门见山，讲究信用，令人敬佩。玛格丽特的观点和理想在她执政的前四年中毫无任何改变，如有变化也只是在她个人的领导风格上。起先，尽管她不准许自己被人看作需要帮助，但她还是认真听取别人的意见并且非常信任她的专家。今天，她有了成功的经验，她便更愿意相信自己的判断，而不是他人的。她的直觉一次又一次证明是正确的，所以她对自己生活中的每一领域变得更加自信，更加不能容忍干事拖拉和同她唱反调的人。

同她近几年的几位前任大不一样。玛格丽特在内阁的风格是"用下巴来领导"，在最初的讨论中就把全部牌都亮了出来。这意味着如果其他人都反对她，她就将处境难堪，要么让步，要么继续战斗。

要是别的首相，他们就会隐瞒自己的观点，直到看到其他人不得不对这个问题先表明观点。但是，阴险、狡猾从来就不是玛格丽特的才能之一。如果有人连续讲话时间太长，她就会变得极其恼火。她不同意他们的论点，就会打断他们的讲话。她缺乏耐心，也不够老练，常常显得非常尖酸，刻薄，十分专断。

一位内阁同僚说她"缺少自我控制的能力。她总是不等别人讲完他们的观点就忍不住突然打断他们。有时候一言不发反而更好"。她对不赞成她观点的人付之一笑，这并非包含着善意。甚至那些善良、忠诚的支持者们据悉也部分丧失了自我，而她却丝毫没有歉意。也许过些时候她会邀请你去进午餐，她的这一举动被人们看成是伸出橄榄枝，而并非表示歉意。

表扬别人可不是玛格丽特的特长。她只希望周围的任何一个人都能努力工作，胜任工作，却没有意识到如果要让人们去做她所希望的事，就需要夸奖他们。她从不表扬在电视上露面的同事，从不说谢谢你，从不对他们的表演表示热心，从来就不，事实上，她根本就不予评论。

回首她在教育部的日子，一次在早晨8点30分之前玛格丽特·撒切尔突然打电话给她的老朋友玛格丽特·威克斯特德，想让她的同名人为她做一件事，即作为教育部的代表参加英国广播

公司学校广播委员会。"但是对于电视我是完全不懂呀。"玛格丽特·威克斯特德说。"你知道那里也有无线电。"玛格丽特生气地回敬道,暗示如果她不懂的话,她很容易就会认识它的。挨了一顿批评,玛格丽特·威克斯特德只好接受了这项工作。

她被深深地卷进去了,她跑遍全国,参观学校与老师交谈。在她的名字作为教育部的代表出现在记事册上时她总感到有点窘迫,她惟恐别人会问她是怎么接下这项工作的。后来她们再见面时,她告知玛格丽特·撒切尔她很喜欢委员会的工作,但她又随便提了一下说这工作太辛苦了。"我想应该是这样的,"玛格丽特·撒切尔轻描淡写地说道,"我不会让别人做轻松的工作。"

在入阁之初,玛格丽特·撒切尔特别富于攻击性。有五年半的时间,她周围的希思信徒要比她自己的支持者多。她知道,如有机会,他们就会投票把她从内阁赶走。因此,她更加虚张声势,拚命想从一开始就左右各项活动,并恫吓内阁,把自己的意志强加于它。

既然现在在内阁她的支持者占了大多数,她可以轻松一些了。她争论起问题来依旧像是大吵大闹;玛格丽特喜欢与人争论,并且特别喜欢占人上风。但是末了,如果她有把握会赢,她就会使争论变得白热化;如果她看来要输了,那么这个问题将会推迟到以后日子来解决。

在内阁的举止以及对待她同僚的态度没有使玛格丽特赢得多

少朋友，但她却得到了他们的尊敬。一位资历高深的大臣极不情愿地说："我发现她在所有事情上都是蛮横无理，使人感到不愉快，但我又不得不说，她常常是正确的。她的判断非常正确，她是最好的一位首相。"

他们还认为，她对他们是一片忠心。她可能常常当着朋友们的面批评他们，但是一旦他们遇到麻烦，他们知道她会和他们站在一起的。他们还知道，尽管玛格丽特一向很固执，但是有时经说服还是能改变主意的，这需要有一个态度坚决的男人相劝，他要摆出极其令人信服的观点和酝酿充分、材料充足的论点，但这一点是可以做到的。

例如，对吉姆·普赖尔在1981年提出的关于北爱尔兰问题的方案她坚决反对，因为这一方案违背了她的信念，即，只要在这一地区还有人想留在不列颠里，那么他们的愿望就应该是不可侵犯的。但是她认识到，内阁中的大多数人都同意建立一个包括爱尔兰共和国总理加勒特·菲茨杰拉德博士的政府间的委员会，所以她只好服从大家。

在北海石油财团纳税的问题上她也改变过自己的初衷；她还重新考虑了削减向外国人提供的助学金的问题，最后她认为削减助学金会引发反作用。

在其他有争执的问题上，她就不那么好说话了：特别是在她的经济政策方面，这是她政治风格的根本方面，在她第一个

任期内，在艾伦·沃尔特斯教授的帮助和支持下，她遵循货币主义政策。

艾伦教授是她每年以五万英镑从美国借调来的，这项花费的一半由政府支付，一半由政策研究中心支付。她的政策曾受到一些德高望重的经济学家及政治家的批评，但玛格丽特却坚信自己是正确的，她确信如果她有足够的时间，就将使国家再度出现繁荣。她觉得如果还有一个更好的替代方案，但是并没有人提出来，因此其他人的建议便毫无意义。

她曾经讲过，如果政府变得懦弱就会使国家倒退。在一次保守党的大会上她说，"我决不会为笼络人心而改变自己。倘若一个保守党政府因害怕干正事而对错误明知故犯，那么就该是保守党人大喝一声'刹车'的时候了。但是只要我还任首相，你们就无需这么做。"

朋友们感到玛格丽特对失业者的关切的态度中掺杂着一种东西，他们自己也愈来愈有这种感觉，即他们为之工作的组织出了问题，他们很可能对之垮台负有责任。然而，从个人来说，她确实对失业者深感歉疚，但她确信将来解决这一问题的唯一办法是保持铁石心肠，继续采用她曾经提及的药方，她拒绝让感情掺进她的政策中来。

她还觉得那些猫哭老鼠假慈悲的人未必是最关心人的，为失业者而哭泣是一种相当无能的帮助方法，而她的所作所为则在经济上为他们提供了一个最美好的前景。

福克兰群岛危机过后不久，玛格丽特又把一位顾问调到唐宁街10号，此事导致了人们的愤怒。此人名叫安东尼·帕森斯爵士，是前英国驻联合国大使。他被任命为外交事务的特别顾问。这件事在人们看来是对外交部的当众侮辱，而她显然忽略了这一点。外交事务从未使她特别感兴趣过，开始时她完全是个新手，得事事依赖卡林顿勋爵，现在已锻炼成为西方世界最有影响的领导人之一，同时也是国际舞台上老资格的政治家。

玛格丽特·撒切尔的魅力强烈地吸引住了许多外国领袖，在妇女进入高层领导机构已是司空见惯的美国是如此，在高层妇女仍被看作怪人的国度，如中国和俄国也是如此。在西方，一般人对于她的反应都带有政治方面的色彩，在英国情况也是相差无几。

西方的保守主义者们说："要是我们有一位像撒切尔夫人那样支持我们的人就好了；"社会党人几乎没有对她发表任何评论。在报纸是由国家控制的俄国，她被视为俄国生活方式的敌人。

英国同美国的关系几乎没有任何改善，不比撒切尔夫人的第一个首相任期更热乎。里根总统把她视为"西方的一个用以稳定的备用大锚"，和"一位其政策和领导都受到维护的领袖"。前总统理查德·尼克松在过去35年间曾见过大多数第二次世界大战

以后的领导人，他把她划到了"最好的一位"之列。

尼克松解释说："据我所知，一些妇女领导人行事像男人，却希望别人对待她像妇女一样。值得称誉的是，撒切尔夫人行动像男人，但还希望别人对待她像对待男人一样。她从不因自己是个女人而向别人求助和向别人让步。她的领导具有强硬、坦率、始终如一的特点，并且令人感到力量。她引起了人们的注意，并赢得了全世界人民的尊敬。"

澳大利亚政治上的两个派别对她都非常尊崇。工党总理鲍勃·霍克几乎没有时间顾及同英国之间的"过时的关系"，但是他承认，玛格丽特是一种应予以认真考虑的力量。"撒切尔夫人是一位刚强的女性，"他说，"不管人们是否喜欢她，她知道她需要的是什么，也知道如何得到它。"

保守的奥地利人民党的领导人阿洛伊斯·莫克说："她是我们时代最伟大的政治家之一，我十分敬仰她。"奇怪的是，在弗朗索瓦·密特朗所统治的法国社会党内部，她也获得了极高的名望，其程度超过了她同吉斯卡尔·德斯坦政府打交道的时候。

法国政府的一位女顾问曾说："我想，撒切尔夫人使英国的经济复苏变成现实。她作为英国首相在法国享有很高的声望；而且她作为一个谈判者在共同市场里也获得了人们的高度称赞，即使是在她为英国赢得好处，而不利于法国的时候也是如此。"

一家很有影响的法国杂志《巴黎竞赛》就在1983年6月大选

前不久，在社论专栏里刊载了题为"玛格丽特·撒切尔是法国人就好了"的文章，作者写道："玛格丽特从两个方面赢得竞选：她的国家的士气再次得以提高，并重新高度重视曾使大英帝国交上好运的金融和经济法则。"

曾有人恳求：法国社会党政府应该从撒切尔夫人那里吸取教益。这位作者继续说道，"法国目前的在野党只有一个机会来拯救自己，拯救这个国家，那就是学习英国的教益，在野党应该说的和做的只能借鉴玛格丽特·撒切尔，这位西方世界的勇气之母。"

在撒切尔夫人就任首相前不久，南非前总理约翰·沃斯特访问英国之后评论说。"她具有一位迷人的女性所具有的一切气质；但是她又有一个坚强男子的头脑和勇气"。现在政治家们的看法是：她"有胆量，坚持自己的原则，敢于冒风险，并且乐于为自己的信仰而战"。据说许多人对她简直到了崇拜的地步。

她给予津巴布韦的独立，她在那里受到了广泛的尊敬，被亲切地称为"玛格丽特"。他们记得是她最初的点头一直支持了穆佐雷瓦主教，但也感激她改变了主意。自从问题解决后，她不管她个人的感情如何，恪守援助的诺言，给予了这个国家巨大的帮助。使他们印象更深的是，1982年在福克兰群岛危机期间。她还挤出时间会见了到英国访问的穆加贝先生。

玛格丽特·撒切尔将作为一位卓越的妇女名留青史。说到她

的缺点方面，她最明显的不足是缺少幽默感。尽管在1983年竞选期间她比以前大有长进，但她的电视上的表现从来就不突出。她从来不是作为一个现实中的人走过来，而她经常像对聋子发表演说一样地讲话。正如《每日镜报》的专栏作家基思·沃特豪斯曾绘声绘色地描述的那样，她好像在告知别人他们的爱猫死去了。

她同样缺少一位真正的伟大领袖所具有的那种冷酷无情：她对于人们的忠诚感到满意，尽管大多数首相的情形也都无出其右。然而，她最根本的弱点在于缺少自信心：不能抛弃自己的姿态和感情，而是毫不加掩饰——诅咒、骂人、狂笑、哭泣并表现出几分热情和激动。假如她能克制住自己，她会赢得更多选区的支持。

玛格丽特信守诺言，言行一致，而且从不因失去民心而讳言她所相信的事，这是她的优点。在这一点上，她是最伟大的政治家，为此她得感谢她的父亲艾尔弗·罗伯茨和她在格兰瑟姆的严谨的童年生活。如果她偶尔犯错，那也不是出于不良动机。

在她的头脑中有一股战斗的火焰，这种火焰总在熊熊燃烧。她相信，把英国从社会主义的黑暗中引向自由和基督教的光明世界是她的最终目标。她的目标是，把英国引向强盛。

伟大领袖的史册是否能有玛格丽特·撒切尔的名字还有待观察；甚至，她的信念最终是否正确亦有待于证实。然而，正如美国前总统尼克松所说：

　　"被公认为'伟大'的那些领袖们并不一定都是好人。俄国的彼得大帝是个残忍的恶霸。儒略·恺撒·亚历山大大帝、拿破仑所以被人们牢记在心，并非因为他们是政治家，而是因为他们是征服者。当我们谈到历史上的伟大人物时，只是偶尔谈及那些曾经将管理国家的本领提高到较高道德水准的领袖。我们谈论更多的是这样一些领袖，他们能大规模有效地行使权力，能大大改变他们国家以及整个世界的历史进程。虽然丘吉尔和斯大林表现的方式不同，他们都是伟大的领袖。不过，如果没有丘吉尔，西欧或许会遭到奴役；如果没有斯大林，东欧也许已获得自由。"

　　后人将如何评价撒切尔夫人惟有时间会告诉我们。

"撒切尔主义"的深远影响

2005年10月13日，撒切尔夫人风光地度过了80寿诞。但寻常日子里，这个卸除了权力的女人已经逐渐变成一个平凡、孤独的老妇。

尽管如此，她的继任者却发现，"撒切尔"仍然是一个绕不过去的名字，无论你支持她还是反对她，她都在那里。

1997年，工党战胜了保守党，新首相布莱尔上任后立即表示，他的政府要继续贯彻"撒切尔主义"，并结束英国人习以为常的社会福利制度。

三年以后，布莱尔在撒切尔下台十周年之际又迫不及待地宣布"撒切尔时代已经结束"。

连保守党代理主席彼得·黎利，过去撒切尔夫人最忠实的助手之一，也公开表示撒切尔主义已经过时："公众的最大不满在于保守党对福利制度的敌意，保守党必须直认不讳，自由市场机

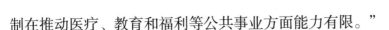

制在推动医疗、教育和福利等公共事业方面能力有限。"

　　但时至今日，不少英国人仍然感到，他们的生活和这个如今已经深居简出的老妇人息息相关，她仍然影响着这个国家。

　　"布莱尔的新工党和撒切尔的老遗产——好的方面与坏的方面，塑造了今日的英国。"一家英国媒体这样评价，"尽管撒切尔执政只有11年，但她的影响会一直持续数十年的时间。"

　　撒切尔夫人曾说："我们明白自己要做什么，于是去落实执行。大英帝国再次壮大了。"化学专业出身的她自大学时代起就热衷于政治。在牛津大学读书时，她加入了英国的保守党，曾担任该党在牛津的协会主席。

　　毕业后，撒切尔夫人利用担任化学研究员的业余时间，攻读法律，最终走上参政之路。

　　撒切尔夫人上台后，开始了大刀阔斧的改革，因此获得"铁娘子"的称号。她以毫不妥协的态度，为英国的沉疴开出处方，这些政策后来构成了所谓的"撒切尔主义"。

　　英国人对撒切尔夫人爱恨交加，支持者认为她带领英国走出了经济困境、提高了英国的国际地位；反对者认为她就是一个不折不扣的独裁者、自大狂，几乎毁掉了英国的福利制度。

　　1990年，通货膨胀的压力越来越大，撒切尔夫人大力推行不得人心的地方政府人头税制度，希望借此渡过难关；不仅如此，她还竭力反对欧洲一体化，宣称"英国的经济和政治的独立高于

一切"。

撒切尔夫人的强硬观点得罪了不少本国民众和欧洲各国官员，支持欧洲一体化的内阁成员也接连辞职。

不久后，她在保守党议员投票中票数大跌。撒切尔夫人意识到了问题的严重性，于当年11月22日辞职，含泪离开唐宁街。

十几年过去了，撒切尔夫人在普通民众中的分裂形象依然存在。2002年，在BBC举办的"100名最伟大的英国人"评选中，她名列第十六位，排在她前面的包括丘吉尔、戴安娜和莎士比亚。

仅仅一年后，英国电视台举办了一场"你最痛恨的100个最坏的英国人"的民意调查。参选条件是"目前还活着、并且没有关在监狱或者正被起诉的人"。撒切尔夫人荣登探花，排在她前面的是现任首相布莱尔和大胸艳星乔丹。

下台后的撒切尔夫人不甘心离开政治，在极不情愿地递交了辞呈以后，撒切尔夫人仍然幻想着有一天能重返唐宁街。因此，撒切尔夫人辞职前便选定了继承自己政治衣钵的梅杰。在她眼中，这个学历只有高中，由她一手培植，对她百依百顺的梅杰，应当是她放在首相府里的一个代理人。

当发现梅杰背离了她的主义时，"铁娘子"便使出"贵妇人特有的那种近乎疯狂的刁蛮"来倒梅杰的台，不惜将自己所属的保守党搞得四分五裂，并导致保守党在1997年大选中输给工党。

撒切尔夫人被认为是演讲才能仅次于丘吉尔的个性派演说

家，退休后，她仍然四处演讲，发表反对欧洲一体化的言论，坚持认为"英镑加入欧元体系是出卖英国的主权"。

2001年6月，撒切尔夫人曾经的仰慕者、英国现任首相布莱尔忠告撒切尔夫人："英国正在前进，撒切尔时代早已过去。"但撒切尔夫人对此不予理会。

2002年，在与丈夫丹尼斯爵士赴马得拉群岛度假庆祝50周年金婚纪念日时，撒切尔夫人轻度中风，此后又发作了数次，撒切尔夫人被迫不再进行公开演讲，并退出一切公众活动。

▲英国首相布朗会见前首相撒切尔夫人

虽然撒切尔夫人办公室发表声明说，这只是预防措施，撒切尔夫人并未因中风丧失说话能力或瘫痪，但英国舆论还是纷纷直言：撒切尔夫人的引退，代表了"一个时代的终结"，而保守党党魁们对此表示"难过"，内心却深感从此可以摆脱撒氏阴影，消除外界对保守党仍由铁娘子"垂帘听政"的印象。

虽然撒切尔夫人坚持照顾家庭，甚至坚持为丈夫孩子亲手煮早餐，但她从来不掩饰自己的女权主义倾向，早在伊丽莎白女王

即位之前，撒切尔就在一篇公开发表的文章中写道：

假如伊丽莎白女王即位，真能消除反对有抱负的妇女登上最高权位的最后一丝偏见的话，那么一个妇女解放的新时代，就真的即将来临了。

在1979年撒切尔夫人上台之前，英国朝野普遍担心她与女王伊丽莎白二世这两个强大的女人将会如何相处，但事实上，撒切尔夫人这个从来不把男人放在眼里的女人，却对另一个女人保持了终其一生的谦恭与忠诚，她也因此获得了女王的尊重与信任。在女王所有首相中，撒切尔夫人被认为是"最顺从的仆人"。

"铁女人"撒切尔夫人从来不肯曲意奉承，讨好男人，却多次公开表示，与丹尼斯结婚是她这辈子做的最正确的选择之一。他们夫妻二人都具有传统价值观，但是他比她更右倾。他们都对经济感兴趣，都相信保守党具有无与伦比的美德。

日常生活中，他们却各有各的兴趣爱好：他爱好运动，尤其是高尔夫，她一点也不感兴趣。他抽烟，她可以容忍。他喜欢饮酒，但是一看见她出现就偷偷把手中的酒倒进身边的花盆里。

在撒切尔夫人之前，丹尼斯曾有过一次失败的婚姻。但撒切尔夫妇对前尘往事都绝口不提，一来，撒切尔夫人所属的卫理公会反对离婚，二来，撒切尔夫人在任何问题上都不愿屈居"第二"，就连对自己的双胞胎子女，也是在他们23岁以后才告之实情。

即使是钢铁般的女人，在时间面前也无能为力，琳达·麦克道佳尔2003年在《星期日泰晤士报》上写道，她被老年撒切尔夫人的变化"震惊"了："这么多年来，我一直羡慕她那股自信，但现在，我从她身上看到的是恐惧和不安。"

丹尼斯因心脏病去世后，不知疲倦的"铁娘子"突然陷入孤独，并以前所未有的速度奔向衰老，逐渐丧失了参与政治的兴趣与体力。

2013年4月8日，撒切尔夫人因中风病逝，终年87岁。4月17日，撒切尔夫人的葬礼在伦敦圣保罗大教堂举行，孙女阿曼达代表家属致词。骨灰被安葬在切尔西皇家医院墓地、亡夫丹尼斯的坟墓旁边。

年　　谱

1925年10月13日，撒切尔夫人即玛格丽特生于英格兰林肯郡格兰舍姆市。

1943年，进牛津大学萨默维尔女子学院攻读化学。大学时代参加保守党，并担任牛津大学保守党协会主席。

1947年至1951年，任两家化学公司的化学研究员，利用业余时间攻读法律。

1953年，林肯律师协会批准她为律师。

1959年，当选为保守党下院议员。

1961年，任年金和国民保险部政务次官。

1964年，任下院保守党前座发言人。

1970年，任教育和科学大臣。

1975年2月，当选为保守党领袖。

1977年，首次访华。

1979年5月3日，保守党大选获胜，撒切尔夫人出任首相，成为英国历史上第一位女首相。她上台便抛弃了"共识政治"。撒切尔信奉货币主义理论，上台后就进行大刀阔斧的改革。她主要采取四项措施，一是私有化，二是控制货币，三是削减福利开支，四是打击工会力量。

1982年，第二次访华，商谈香港回归问题。

1983年6月和1987年6月，连任首相。

1984年12月，第三次访华，在北京与中国政府签署了具有历史意义的《中英两国政府关于香港问题的联合声明》。

1990年11月，辞去首相职务。

1991年，卸任后再次访华。

1992年6月，被封为终身贵族。

1993年5月，任威廉—玛丽学院第二十一任名誉院长。

2001年12月，撒切尔与丈夫丹尼斯爵士赴马得拉群岛度假，但在庆祝50年金婚纪念日时曾出现轻度中风。

2002年3月，在医生的建议下，撒切尔夫人因为健康原因退出了社交圈。

2005年10月13日，撒切尔夫人80大寿，不管是多年的朋友还是曾经的政敌，很多人专门发来生日祝福，高度评价她。英国女王和布莱尔首相等嘉宾也都出席她的生日庆祝会。

2013年4月18日，撒切尔夫人因中风病逝，终年87岁。

 撒切尔夫人
Margaret Hilda Thatcher

本书主要参考资料

《撒切尔夫人》王晓雄著 中国少年儿童出版社

《铁娘子撒切尔夫人》何庄 杨光斌著 学苑出版社

《铁娘子撒切尔夫人》赵喜涛编著 中国戏剧出版社

《撒切尔夫人》金秋编著 内蒙古人民出版社

《铁腕娘子——撒切尔夫人传》吉力编译 时代文艺出版社

《撒切尔夫人传》刘建飞著 东方出版社

《撒切尔夫人》萧燕编著 辽海出版社

《英国首相撒切尔夫人》李柏槐著 四川人民出版社

《撒切尔夫人》陈乐民著 浙江人民出版社

《撒切尔夫人传》黄正柏编著 长江文艺出版社

《撒切尔夫人传》刘德斌著 黑龙江人民出版社

《政界铁娘子——撒切尔夫人》韩彩珍编著 书目文献出版社

《撒切尔夫人传》(英)尤诺著 路平译 黑龙江人民出版社

《征服:铁女人撒切尔夫人首相生涯》(英)朱尼尔著 丽枫 佳华译 中国妇女出版社